PSYCHOLOGIE

PSYCHOLOGIE

100 KONZEPTE

CHRISTOPHER STERLING
UND DANIEL FRINGS

MIT EINEM BEITRAG VON ELIZABETH J. NEWTON

Librero

Titel der Originalausgabe: *Psychology Squared*

© 2017 Librero IBP (für die deutschsprachige Ausgabe)
Postbus 72, 5330 AB Kerkdriel, Niederlande

© 2016 Quantum Books Limited

Herausgeber: Kerry Enzor
Redaktion und Design: Pikaia Imaging
Redakteurin: Anna Southgate
Design: Dave Jones
Illustration: Tim Brown
Produktionsleitung: Zarni Win

Übersetzung aus dem Englischen:
Nina Kavelar, Kölm; Barbara Knesl, Graz
Redaktion und Satz der deutschen Ausgabe: Print Company Verlagsges.m.b.H., Wien

Printed in China

ISBN: 978-90-8998-812-6

Der Richtigkeit und Vollständigkeit der Informationen in diesem Buch wurde größte
Sorgfalt gewidmet. Sollte unabsichtlicherweise dennoch ein Urheber nicht angegeben
sein, werden wir dies nach Kenntnisnahme in der nächsten Ausgabe berichtigen.

Coverbild mit Genehmigung von http://thegraphicsfairy.com

Inhalt

Einleitung

Das Interesse am menschlichen Geist reicht Jahrtausende zurück, ins alte China, nach Indien und Persien, bis nach Ägypten und Griechenland. Aus dem Bedürfnis, die Ursachen und Folgen von abnormalem Verhalten zu verstehen, entwickelte sich im antiken Griechenland eine eigene akademische Disziplin.

Die moderne Psychologie – die ihre Informationen schwerpunktmäßig direkt von den Teilnehmern einer Studie und der daraus resultierenden Analyse bezieht – hat ihren Ursprung in Wilhelm Wundts Institut für experimentelle Psychologie im Leipzig der 1880er-Jahre. Im 20. Jahrhundert verbreitete sich das Interesse in anderen Teilen Europas und Nordamerikas.

Dieses Buch soll einen Überblick darüber liefern, was heutige Psychologen über die Gedanken und Verhaltensweisen der Menschen wissen. Der Inhalt teilt sich wie von selbst in zehn Kapitel auf und berücksichtigt auch kontextuelle Themen wie die Auswirkungen von Genen und Umwelt sowie die Ethik psychologischer Untersuchungen. Das letzte Kapitel zeigt, wie angewandte Psychologie den Menschen helfen kann. Dazwischen ergründen wir, wie sich Menschen im Laufe ihres Lebens entwickeln, wie wir uns mithilfe unserer Sinne und Logik in der Welt orientieren, und wie wir auf sozial und emotional angemessene Weise mit anderen Menschen interagieren.

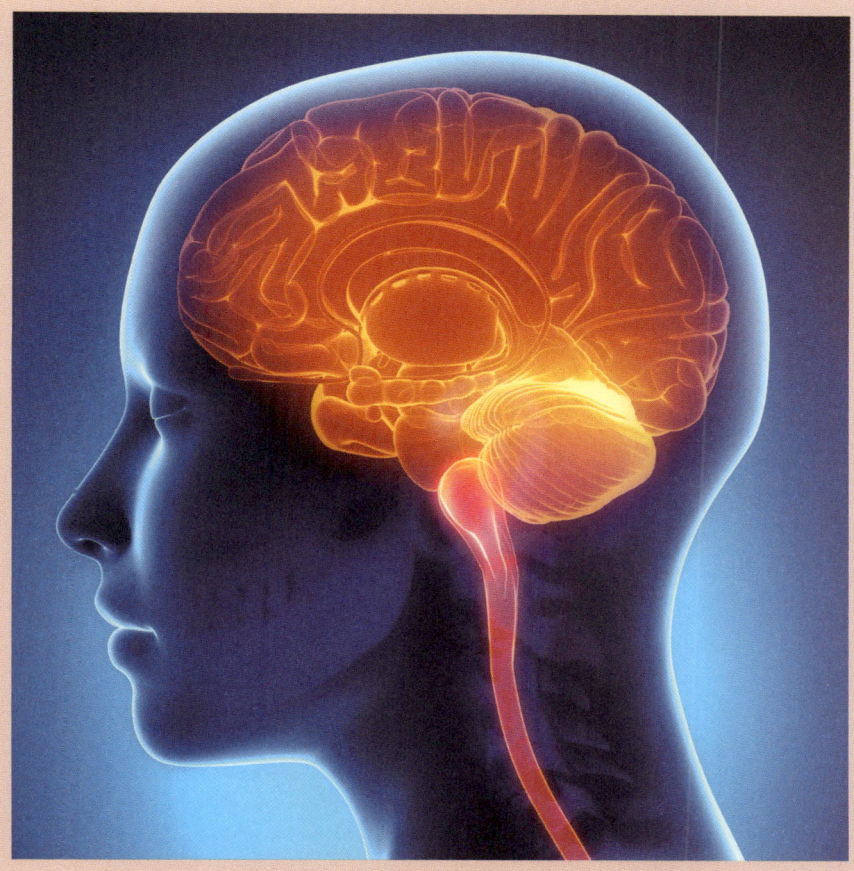

Das menschliche Gehirn – Sitz des Geistes und die hochentwickeltste Technologie im bekannten Universum.

Jedes der zehn Kapitel beinhaltet zehn wesentliche Themen. Im Kapitel zum Sozialverhalten geht es zum Beispiel um Einstellungen, Konformität und soziale Identität, während das Kapitel zu Motivation, Emotion und Stress unsere Bedürfnisse identifiziert, sich mit Wut und Liebe befasst und die Auswirkungen von Stress ergründet. Jedes Thema wird kurz vorgestellt und der aktuelle Wissensstand in leicht verständlicher Sprache zusammengefasst. Eine Illustration untermalt oder erweitert die Informationen im Text.

Wir hoffen, dass Sie beim Lesen genauso fasziniert von der Vielfalt der Themen sind wie wir. Wenn Sie sich für die Motive menschlichen Verhaltens interessieren, wird dieses Buch ihre Neugier gleichermaßen stillen und wecken. Wenn Sie mehr über die Beziehung zwischen Gehirn und Verhalten erfahren möchten, werden Sie hier ebenfalls fündig. Und wenn Sie sich fragen, wie die Psychologie breitere Themen beeinflusst, empfehlen sich die Themen zu Intergruppenkontakt und psychischen Erkrankungen.

In den letzten hundert Jahren wurden in der Psychologie gewaltige Erkenntnisse gemacht, von einfachen Experimenten zu Wahrnehmung und Erinnerung bis zur Verwendung von Computersimulationen, Gehirnscans und komplexen Statistiken, um die Forschungsfragen der Entwicklungs-, Sozial- und kognitiven Psychologie zu beantworten. Dennoch liegt noch ein weiter Weg vor uns und es drängt sich zunehmend der Eindruck auf, dass wir erst das wissen, was wir wissen müssen.

Chris Sterling und Daniel Frings

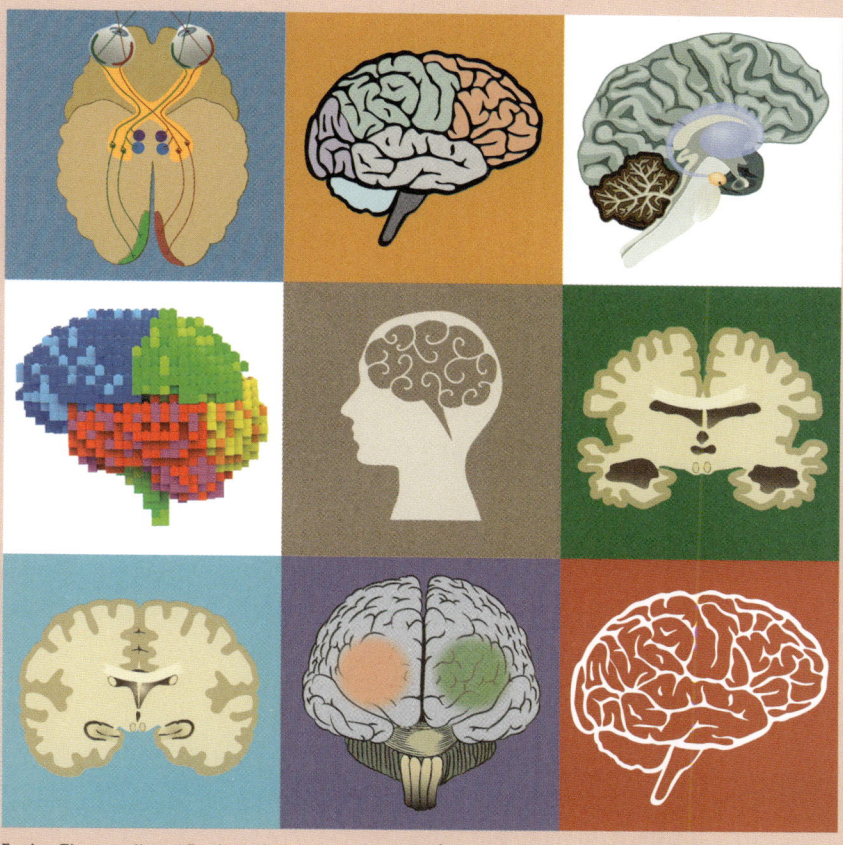

Zu den Themen dieses Buchs gehören unter anderem (illustriert von links oben nach rechts unten): Modularität des Geistes; Anatomie des Gehirns; Autismus; Struktur des Geistes; wissenschaftliche Methode; Alzheimer; das gesunde Gehirn; Plastizität des Gehirns; biologische Einflüsse.

PSYCHOLOGIE
IM KONTEXT

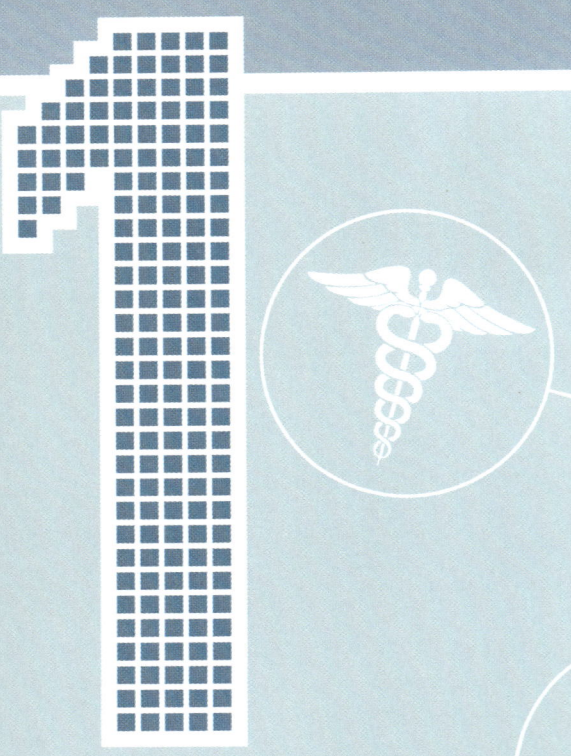

Die meisten von uns zucken bei dem Wort „Psychologie" unweigerlich zusammen. Vor unserem geistigen Auge erscheint ein Therapiezimmer mit einer Couch, Büchern und Täfelchen. Natürlich ist die Therapie, wie wir später erörtern werden, von wesentlicher Bedeutung, doch ist die Disziplin weitaus komplexer als das und umfasst eine Fülle an theoretischen Entwicklungen sowie praktischen Anwendungen.

Schon vor Jahrhunderten beschäftigen sich Forscher angefangen vom alten Ägypten über Persien, Griechenland und China bis nach Indien mit dem Wie und Warum unserer Gedanken und unseres Verhaltens. Die Psychologie als Wissenschaft ist jedoch relativ jung. Die Psychologie greift auf eine Vielzahl anderer Disziplinen wie etwa Biologie, Computerwissenschaft, Linguistik und Philosophie zurück. Die sich daraus ergebenden Vorteile aber auch Unstimmigkeiten ziehen sich durch das gesamte Buch, treten aber besonders in den folgenden Diskussionen über wissenschaftliche Methoden und kombinierte Disziplinen zutage.

Es ist wichtig zu erkennen, dass die Psychologie nicht in einem Vakuum existiert, sondern historische Ereignisse wie etwa der Zweite Weltkrieg ebenso einen gewichtigen Einfluss ausüben. Insbesondere erörtern wir, was „ethische" und „unethische" Forschung bedeutet. Wir beschäftigen uns auch mit den geeignetsten Methoden, um Psychologie zu verstehen und zu erforschen. Ist ein auf Experimenten basierender quantitativer Ansatz am besten? Oder erzielt ein diskussionsorientierter qualitativer Ansatz bessere Ergebnisse?

Die vermutlich grundlegendsten Fragen, die hier erörtert werden, beschäftigen sich mit dem freien Willen und Bewusstsein. Wie viel unseres Verhaltens ist unbewusst? Welche Rolle spielen unsere Gene? Und welchen Einfluss hat unsere Umgebung auf unser Verhalten?

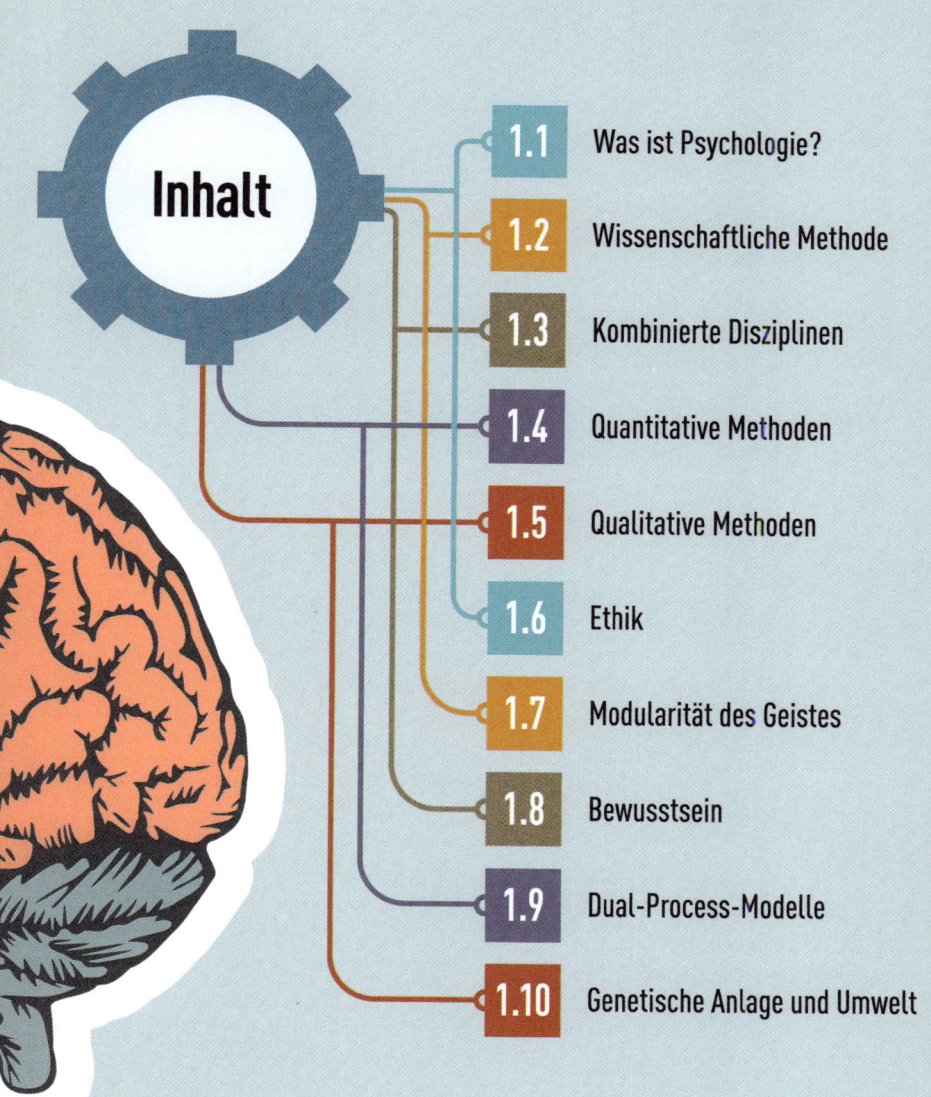

1.1 Was ist Psychologie?

Die Psychologie ist das Studium des menschlichen Verhaltens. Ihr Ziel ist es, herauszufinden, was uns antreibt. Aber warum sollte man sich darüber Gedanken machen?

Durch das Studium des menschlichen Verhaltens – wie wir auf verschiedene Situationen und unter verschiedenen Umständen reagieren – versuchen Psychologen, mehr über die mentalen Prozesse zu erfahren, die unser Handeln bestimmen. Im Grunde möchten sie wissen, was wir zu einem bestimmten Zeitpunkt gerade denken. Es gibt mehrere Herangehensweisen an die Psychologie. Eine Zeit lang war die **Verhaltensforschung** der vorherrschende Ansatz.

Diese beruhte auf der Vorstellung, dass das Verhalten durch Paarung eines Reizes (eines bestimmten Ereignisses) mit einer Reaktion (dem Ergebnis dieses Ereignisses), sei es Belohnung oder Bestrafung, erlernt wird. Heutige Ansätze sind primär **kognitiv**. Nach Ansicht der Psychologen ist vielmehr die Verarbeitung von Informationen in diesem Reiz-Reaktion-Verhältnis von Belang. Wie führen unsere Gedanken zu unseren unbewussten Reaktionen und welche Rolle spielt die Erinnerung bei der Entstehung dieser Gedanken?

Das Wissen um diese Prozesse erleichtert es den Psychologen, die Menschen zu verstehen und deren psychische Verfassung zu verbessern. Zu diesem Zweck arbeiten Psychologen direkt mit Menschen in verschiedensten Bereichen wie der Personalauswahl, der Behandlung von Geisteskrankheiten und der Kindesentwicklung zusammen. Mit diesem klar verständlichen Leitfaden erhalten Sie Einblicke in 100 Schlüsselkonzepte im Bereich der Psychologie. Gemeinsam geben Sie einen Einblick in die Disziplin und verdeutlichen nicht nur, inwiefern, sondern auch warum das Studium des menschlichen Verhaltens grundlegend für alle Aspekte unseres menschlichen Lebens ist.

Die Bezeichnung „Psychologe" darf nur mit der entsprechenden akademischen Qualifikation geführt werden.

Was sehen Sie?

Bei dem in den 1920ern entwickelten Rorschachtest geht es darum, dass eine Person eine Reihe nahezu symmetrischer abstrakter Bilder interpretiert. Anhand der Ergebnisse erfassen die Psychologen dann die Persönlichkeit des Probanden.

1.2 Wissenschaftliche Methode

Die Psychologie pflegte enge Kontakte zu anderen Wissenschaften und greift für ihre Forschung stark auf wissenschaftliche Methoden zurück.

Viele akademische Disziplinen beschäftigen sich mit dem menschlichen Verhalten. Die literaturwissenschaftliche Analyse bietet faszinierende und tiefgreifende Einblicke in die menschliche Existenz. Die Soziologie und Humangeographie geben uns Aufschluss darüber, wie sich Gesellschaften bilden, wie sie interagieren und sich an ihren Lebensraum anpassen. Die Geschichte verfolgt diese Spuren über Jahrtausende zurück. Die Psychologie unterscheidet sich in folgender Hinsicht stark von diesen Disziplinen. Zunächst einmal beschäftigt sie sich hautnah mit den Menschen auf täglicher Basis. Die Informationen darüber, was diese Menschen tun, werden direkt und methodisch gesammelt. Objektivität und Verifizierung sind das Um und Auf. Bei der Erhebung, der Analyse und der Interpretation der Daten sind eigene Meinungen und Theorien von Psychologen fehl am Platz. Damit eine Untersuchung glaubwürdig ist, müssen genau dieselben Ergebnisse herauskommen, wenn die Methode von einem unabhängigen Forscher nachgeahmt wird. Letzten Endes muss die Aussagekraft der Studie – ihre Methoden, ihre Grundüberlegung und Auslegung – nachvollziehbar sein. All dies beweist, dass sich die Psychologie zu einem Großteil auf wissenschaftliche Methoden stützt, um neue Erkenntnisse zu erlangen.

Die wissenschaftlichen Wurzeln der Psychologie lassen sich nicht verleugnen. Die Disziplin ist in den biologischen Wissenschaften verankert und steht auch in enger Verbindung zu den medizinischen und Sozialwissenschaften (siehe gegenüber). Das Schöne an dieser Beziehung ist, dass sie beidseitig verläuft. Viele Aspekte der Psychologie fließen in andere Wissenschaften ein und umgekehrt.

Ein Placebo ist eine Scheinbehandlung, die mitunter denselben Effekt hat wie eine echte Behandlung, und zwar einfach aufgrund der Erwartungshaltung des Patienten.

Psychologie und die Wissenschaften

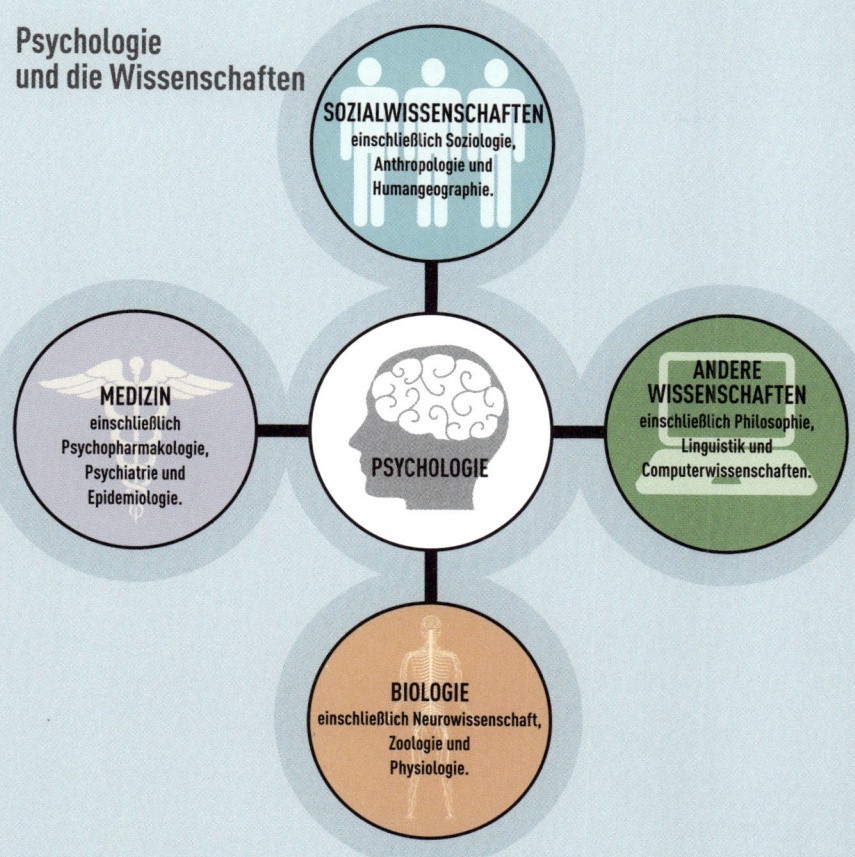

SOZIALWISSENSCHAFTEN
einschließlich Soziologie, Anthropologie und Humangeographie.

MEDIZIN
einschließlich Psychopharmakologie, Psychiatrie und Epidemiologie.

PSYCHOLOGIE

ANDERE WISSENSCHAFTEN
einschließlich Philosophie, Linguistik und Computerwissenschaften.

BIOLOGIE
einschließlich Neurowissenschaft, Zoologie und Physiologie.

Die Psychologie und ihre Verknüpfung mit anderen Disziplinen. Dank der Verbindung zu den Sozialwissenschaften erhalten wir Einblicke, wie Menschen zueinander und zur Gesellschaft insgesamt in Beziehung treten.

1.3 Kombinierte Disziplinen

**Die Erkenntnisse der Psychologie sind isoliert betrachtet von wenig Nutzen.
Für ein umfassenderes Bild müssen wir sie mit Forschungsergebnissen anderer Disziplinen kombinieren.**

Die Psychologie speist sich aus ähnlichen Arbeiten anderer Disziplinen. Diese stellen oft dieselben Fragen, jedoch unter Zugrundelegung anderer Methoden und Annahmen. Man denke an die Objekterkennung, wie sie von einem Simulationsmodell des Computerwissenschaftlers David Marr (siehe Kapitel 5.2) veranschaulicht wird. Das Modell basierte auf physiologischen Nachweisen von David Hubel und Torsten Wiesel und der Gestaltpsychologie. Weitere Arbeiten im Bereich der experimentellen Psychologie und Neuropsychologie zeigten, dass es einen Unterschied zwischen der Verarbeitung von Objekten und jener von Gesichtern gibt. Beweise aus dem Bereich des Gehirnscans helfen dabei, diese angenommene Unterscheidung zu klären.

Ein weiteres Beispiel bezieht sich auf die Sprache. Linguisten und Philosophen erforschen die Struktur von Sprache und wie sie Bedeutung vermittelt. Psychologen hingegen zeigen uns anhand von Verhaltensexperimenten, wie wir Sprache lernen und verwenden, und dies gestützt durch Beweise aus der elektrischen Aktivität im Gehirn.

Die Kernspintomographie liefert in Echtzeit Bilder von strukturellen Schäden und der Gehirnaktivität.

In Kombination mit den Forschungsergebnissen von Zoologen, Psycholinguisten und Tierverhaltensforschern entsteht so ein umfassenderes Bild der menschlichen Sprache und in welcher Beziehung sie zu den Kommunikationssystemen anderer Tiere steht. Durch die Zuhilfenahme von Ergebnissen aus unterschiedlichen Quellen können wir sicherer sein, dass unser Wissen fundiert ist. Diese Kombination unterschiedlicher Disziplinen wird **disziplinäre Konvergenz** genannt.

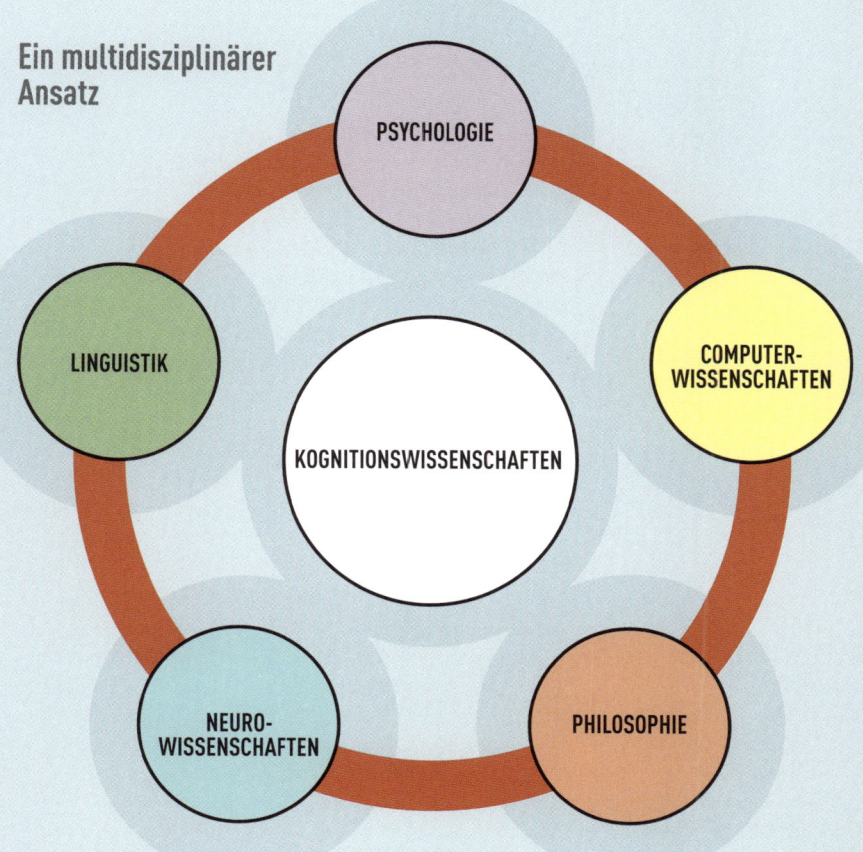

Ein multidisziplinärer Ansatz

- **PSYCHOLOGIE**
- **COMPUTER-WISSENSCHAFTEN**
- **PHILOSOPHIE**
- **NEURO-WISSENSCHAFTEN**
- **LINGUISTIK**
- **KOGNITIONSWISSENSCHAFTEN**

Die Unterdisziplin der Kognitionswissenschaft dient als Beispiel für diese Kombination von Disziplinen. Es handelt sich um eine Zusammenarbeit zwischen Psychologen, Neurowissenschaftlern, Philosophen, Linguisten und Computerwissenschaftlern.

1.4 Quantitative Methoden

Manchmal lassen sich die Auslöser für unser Verhalten durch die rigorose Analyse der Ergebnissen von Befragungen und Experimenten ermitteln.

Quantitative Methoden beschäftigen sich mit der Frage, welche Faktoren Verhalten verursachen oder vorhersagen. Wir können diese Frage auf alles Mögliche anwenden vom Fahrverhalten bis zur Sprachentwicklung. Das Entscheidende ist, dass die Beobachtungen quantifizierbar sein müssen – also etwa die Fehleranzahl beim Fahren oder die Anzahl der Wörter im Vokabular eines Kindes.

Experimente können bei der Beantwortung der Frage helfen, insbesondere wenn einer oder mehrere Faktoren beeinflusst werden. So können wir etwa verschiedenen Personengruppen Alkohol in unterschiedlichen Dosen verabreichen und dann die Anzahl ihrer Fehler in einem Fahrsimulator vergleichen. Diese experimentelle Methode hat den großen Vorteil, dass sie eine Ursache ermittelt: Wenn die Fehleranzahl mit zunehmender Alkoholmenge steigt, lässt sich daraus schließen, dass Alkohol die Fahrleistung beeinträchtigt.

Aus praktischen oder ethischen Gründen ist die experimentelle Methode aber nicht immer anwendbar. In solchen Fällen ist mitunter eine Korrelationsstudie besser geeignet. Angenommen wir möchten lebenslange Faktoren ermitteln, die einen Alkoholmissbrauch voraussagen. Wir können den Alkoholkonsum der Testpersonen beobachten, aber auch Stress, Einkommen, Vorbelastung etc. berücksichtigen. Mithilfe der Statistik ermitteln wir, welche Faktoren die besten Prädiktoren sind.

> Der Großmogul Akbar (1542–1605) ordnete ein Experiment an, bei dem Kinder ohne gesprochene Sprache aufwuchsen. Wie sich herausstellte, verwendeten sie stattdessen Zeichen.

Im Gegensatz zu quantitativen Methoden geben Korrelationsmethoden keinen Aufschluss über Ursachen, sondern nur über Wahrscheinlichkeiten. Dennoch sind beide für den Psychologen von unschätzbarem Wert.

Quantitative Ergebnisse

Diese Analyse vergleicht die Ergebnisse verschiedener Behandlungen, in diesem Fall, die Auswirkung von unterschiedlichen Alkoholmengen auf das Fahrverhalten.

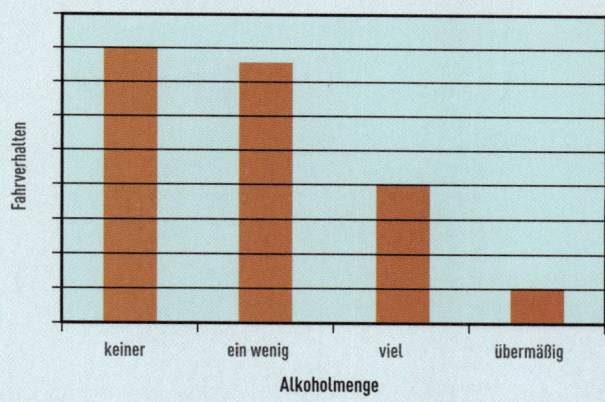

Diese Analyse beschäftigt sich mit dem Zusammenhang zwischen dem Ausmaß an Alltagsstress und wöchentlichem Alkoholkonsum.

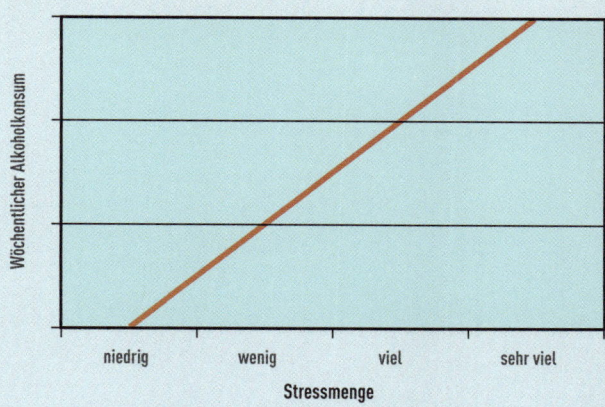

Diese Diagramme zeigen zwei Arten von quantitativen Ergebnissen. Die Ergebnissemüssen ein statistisches Kriterium von mindestens 95 % Zuverlässigkeit erfüllen. Ein Ergbnis, das dieses Kriterium nicht erfüllt, wird abgelehnt.

1.5 Qualitative Methoden

Laut Psychologen dieser Richtung geht es bei der Verhaltensanalyse nicht nur darum, was man sagt, sondern auch, wie man es sagt.

Wenngleich sich ein großer Teil der Psychologie auf quantitative Methoden stützt (siehe Thema 1.4), ist dies nicht der einzige Ansatz. Qualitative Methoden konzentrieren sich auf umfangreiche Datenquellen wie Interviews und versuchen die individuelle Erfahrung im Kontexte des Hier und Jetzt zu verstehen.

Psychologen dieser Richtung nähern sich dem Studium der Psychologie aus einer anderen Richtung. Sie lehnen den Positivismus ab – die Ansicht, dass die Realität gewusst und wissenschaftlich beobachtet werden kann. Stattdessen wenden sie postmoderne Perspektiven zur Erkenntnis an. Sie erachten alle Daten und besonders die Sprache als ein Spiegelbild der Realität, aber nicht als die Realität selbst. Qualitative Forscher vertreten daher die Ansicht, dass alle Daten oder Vorstellungen vielfältigen Interpretationen unterliegen.

Das Argument lautet, dass alles Wissen das Ergebnis sozialer Interaktion, mit der Geschichte verbunden und durch die Sprache beeinflusst ist, die zu dessen Beschreibung verwendet wird. Ein Ansatz, die Diskursanalyse, konzentriert sich darauf, was Menschen sagen und wie sie es sagen. Durch die Analyse kultureller Bezüge und benutzter Archetypen, der tieferen Bedeutungen hinter scheinbar einfachen Phrasen und Gesten, werden die Verbindungen zu breiter gefassten sozialen Themen hergestellt.

Die Grounded Theory berücksichtigt wiederkehrende Themen und wie diese Einblicke in bestehende Verhaltenstheorien gewähren könnten.

Mit ihrem Schwerpunkt auf Sprache und Interviews mag die qualitative Psychologie auf den ersten Blick im Widerspruch zu quantitativen Methoden stehen. Viele Forscher aber greifen auf beide zurück und bedienen sich je nach Schwierigkeit des Problems ein entsprechenden Werkzeugs.

Zielgruppen

Frühe Methoden der qualitativen Psychologie wie Grounded Theory gewannen in den 1960ern an Zugkraft. Diese Methoden verwenden damals wie heute Datenquellen wie Einzelgespräche oder Zielgruppen.

1.6 Ethik

Psychologen sind sowohl in der Praxis wie auch im Labor an strenge Verhaltensregeln gebunden.

Für Psychologen gibt es eindeutige ethische Grundsätze. In den Vereinigten Staaten werden sie vom „American Psychological Associate" aufgestellt, in Großbritannien von der „British Psychological Society".

Obwohl die Verhaltensrichtlinien von Land zu Land variieren, basieren sie im Allgemeinen auf Prinzipien wie:

- Respekt: Anerkennung der Würde und des Werts aller
- Kompetenz: Arbeiten entsprechend seiner Kompetenzen, und
- Einschätzung der Aufrechterhaltung und Entwicklung dieser Verantwortung: gegenüber Klienten, der Öffentlichkeit, dem Berufsstand und der Wissenschaft
- Integrität: ehrliches, korrektes und faires Verhalten gegenüber anderen.

Im Bereich der Forschung lauten die Grundprinzipien wie folgt:
- Respekt gegenüber Autonomie, Privatsphäre und Würde
- Wissenschaftliche Integrität
- Soziale Verantwortung
- Die Verpflichtung zur Maximierung von Nutzen und zur Minimierung von Schaden.

Forschungsleitlinien greifen zum Teil auf weltweite Forschungsstandards wie die Deklaration von Helsinki (1964) zurück.

Für gewöhnlich werden Studien an Menschen und Tieren von einem Ethikkomitee überwacht, welches dafür sorgt, dass diese Prinzipien vor Durchführung einer Studie erfüllt werden.

Die für die Medizin entwickelte Deklaration von Helsinki legt ethische Grundsätze für die medizinische Forschung am Menschen fest. Sie entstand zum Teil als Reaktion auf die höchst unethischen Forschungs-methoden des Nationalsozialismus, die bei den Nürnberger Prozessen (1945–46) offenbar wurden.

1.7 Modularität des Geistes

Man kann sich das Gehirn als eine Ansammlung separater Systeme vorstellen, die unentwegt miteinander interagieren.

Schon bei oberflächlicher Betrachtung scheinen sich Prozesse wie Erinnerung, Sprache und Wahrnehmung relativ stark voneinander zu unterscheiden. Mit Modularität des Geistes ist die Vorstellung gemeint, dass es sich bei diesen Prozessen tatsächlich um unabhängige Module handelt. Wenngleich diese zwar miteinander interagieren, ist jedes durch eine eigene Reihe von Prozessen gekennzeichnet (siehe auch Kapitel 2.1).

Dafür gibt es einige Belege. So zeigen etwa Fallstudien von Patienten mit Hirnschäden, dass eine Person mit massivem Gedächtnisverlust dennoch über sämtliche perzeptuellen Fähigkeiten und ein uneingeschränktes Sprachvermögen verfügen kann. Im Gegensatz dazu gibt es Fälle, in denen die Sprachfunktion beeinträchtigt ist, aber die Wahrnehmung und das Gedächtnis unberührt geblieben sind.

Einige Arten von Gehirnschäden führen zu einem Verlust des Wissens über lebendige Dinge, aber nicht über unlebendige Dinge und umgekehrt. Dies deutet auf eine modulare Organisation hin.

Das Gedächtnis lässt sich in verschiedene Subsysteme untergliedern, von denen jedes ein eigenes Modul ist (siehe Thema 5.3). In ähnlicher Weise können wir zwischen Modulen für das Sprachverstehen und die Sprachproduktion unterscheiden. Die Wahrnehmung gliedert sich naturgemäß in visuelle und auditive Module. Damit wir gänzlich funktionieren, arbeiten andere, nicht-modulare Prozesse übergreifend über diese Module hinweg. So ist etwa die gezielte Aufmerksamkeit sowohl für das Sprachverstehen als auf für das Gedächtnis erforderlich. Dasselbe gilt für die exekutive Funktion, die für das Planen, das Wechseln zwischen Aufgaben und die Leistungsüberwachung (siehe Thema 5.5) zuständig ist.

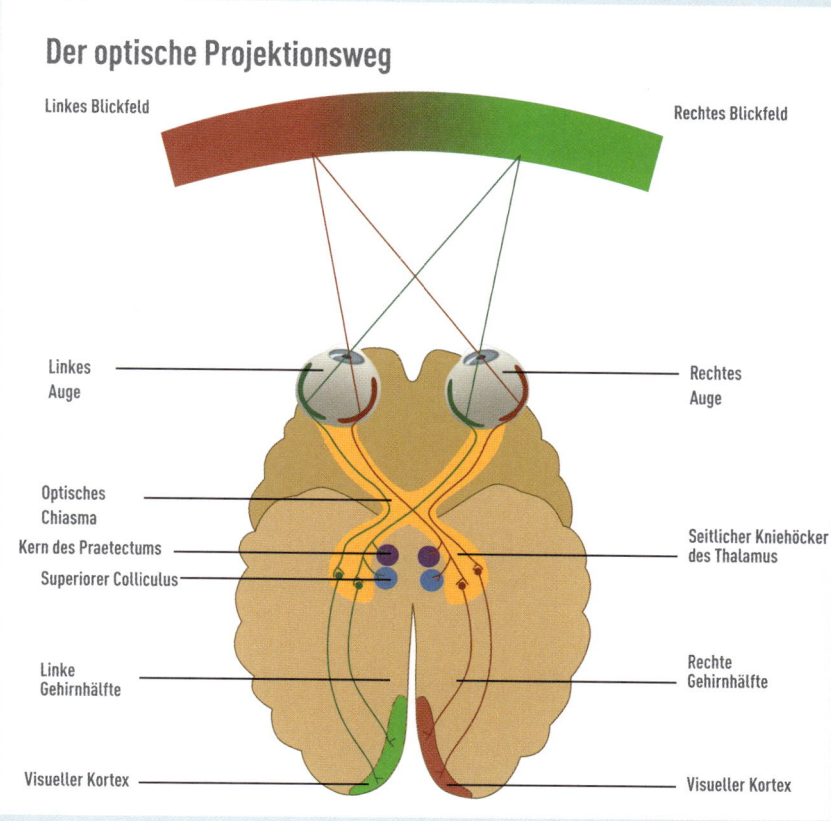

Der optische Projektionsweg

Linkes Blickfeld

Rechtes Blickfeld

Linkes
Auge

Rechtes
Auge

Optisches
Chiasma

Seitlicher Kniehöcker
des Thalamus

Kern des Praetectums

Superiorer Colliculus

Linke
Gehirnhälfte

Rechte
Gehirnhälfte

Visueller Kortex

Visueller Kortex

Das modularisierte visuelle System verfügt über Elemente, die übers ganze Hirn
verteilt sind. Visuelle Informationen gehen über die Augen ein und gelangen über
den seitlichen Kniehöcker zum visuellen Cortex in beiden Gehirnhälften.

1.8 Bewusstsein

Die Erforschung des Bewusstseins offenbart die wahrscheinliche Existenz von verschiedenen Arten von Bewusstsein.

Die Verhaltensforscher des 20. Jahrhunderts waren der Ansicht, dass das Bewusstsein bloß von den echten Schwierigkeiten ablenkte, das Verhalten zu verstehen. Dennoch lieferten Beobachtungen im Bereich der Neuropsychologie einige Aufschlüsse auf diesem Gebiet. Untersuchungen von Patienten mit Hirnschäden deuteten darauf hin, dass es verschiedene Arten von Bewusstsein gibt. Berichte von Personen mit anterograder Amnesie wie der bekannte Patient H.M. (1926–2008) deuten darauf hin, dass sie sich ihrer Umwelt bewusst und imstande sind, sich dazu zu äußern. Sie können Unterhaltungen führen und sind allem Anschein nach bei vollem Bewusstsein. Diese Art von Bewusstsein wird als **phänomenologisches Bewusstsein** bezeichnet. Allerdings sind Amnesie-Patienten wie H.M. nicht imstande, aktiv ihr Gedächtnis zu durchforsten. In ähnlicher Weise erscheinen Patienten mit Frontallappenschädigungen nicht imstande zu sein, sich aktiv Ziele zu setzen, einen Handlungsablauf zur Erzielung dieser Ziele zu planen und den Fortschritt zu überwachen. Diese Arten von Defiziten deuten auf eine andere, aktivere Art von Bewusstsein hin.

Der Amnesie-Patient C.W. lebte in einem permanenten Zustand der Unmittelbarkeit und war den ganzen Tag über davon überzeugt, gerade erst aufgewacht zu sein.

Phänomenologisches Bewusstsein scheint nicht für die Ausführung von Aufgaben, die zu einem hohen Grad überlernt und automatisiert sind, erforderlich zu sein. Daher finden wir morgens problemlos und ohne große Planung den Weg zur Arbeit und wissen bei der Ankunft dort gar nicht mehr so genau, was auf dem Weg passiert ist. Andererseits müssen wir im Falle einer Straßensperre die aktive Art von Bewusstsein beanspruchen, um eine neue Route zu planen.

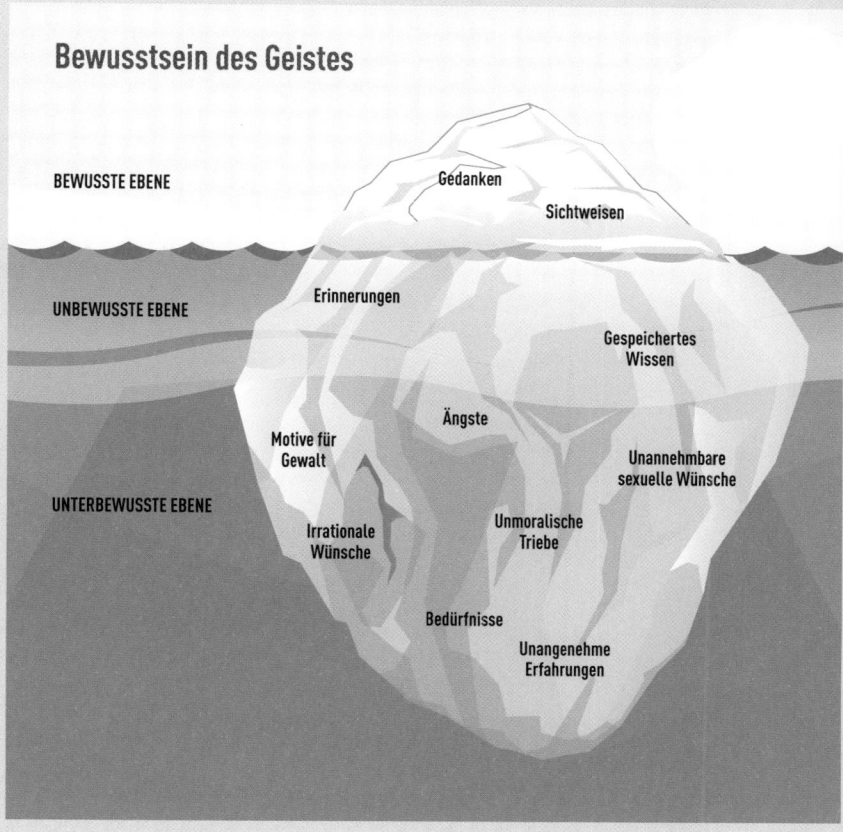

Bewusstsein des Geistes

BEWUSSTE EBENE

Gedanken

Sichtweisen

UNBEWUSSTE EBENE

Erinnerungen

Gespeichertes Wissen

Ängste

Motive für Gewalt

UNTERBEWUSSTE EBENE

Unannehmbare sexuelle Wünsche

Irrationale Wünsche

Unmoralische Triebe

Bedürfnisse

Unangenehme Erfahrungen

Freuds Modell des Geistes mit dem Bewussten, dem Vorbewussten und dem Unbewussten. Jede Art von Bewusstsein bezieht sich auf ein Maß an Gewahrsein, Einfluss auf Verhalten und Zugänglichkeit.

1.9 Dual-Process-Modelle

Treffen wir alle unsere Entscheidungen bewusst oder befinden wir uns im Automatikmodus?

Dual-Process-Modelle zeigen, dass Prozesse über unterschiedliche Wege oder Methoden erfolgen können. In der Psychologie zeigt sich, dass unser Verhalten meist über einen reflektierten Weg bzw. einen automatischen Weg beeinflusst wird.

Ein reflektierter Weg zeichnet sich durch bewusstes Denken aus und ist relativ langsam. Ein automatischer Weg ist unbewusst und relativ schnell. Er wird oft als **implizite Verarbeitung** bezeichnet. So können etwa Haltungen gegenüber Menschen mit anderem ethnischen Hintergrund explizit eingenommen werden: Wir verbalisieren sie innerlich und bringen sie öffentlich zum Ausdruck. Sie können auch implizit als Assoziationen von Wertvorstellungen wie Gut und Böse sowie Kategorien wie Schwarz und Weiß eingenommen werden.

Automatische Prozesse können Vorurteilen unterliegen: Forscher wie John Bargh haben nachgewiesen, dass auf einem Gebiet vorherrschende Vorstellungen auch Einfluss auf völlig andere Gebiete haben können. So kann etwa das Halten von heißem Kaffee eine Person dazu veranlassen, eine andere Person als warmherzig einzustufen; beim Lesen von Wörtern, welche mit dem Altsein assoziiert werden, geht eine Person mitunter langsamer.

Dual-Process-Theorien besagen, dass wir uns nur einen Bruchteil der Zeit „bewusst" verhalten.

Dual-Process-Modelle wurden auf zahlreiche Bereiche der Kognitions- und Sozialpsychologie angewendet. Zu den Beispielen für einen Dual-Process-Ansatz in diesem Buch zählen die Beeinflussbarkeit einer Person (siehe Thema 4.4), die Bildung von Stereotypen (siehe Thema 4.3) und die Bildung von inneren Einstellungen (siehe Thema 4.1).

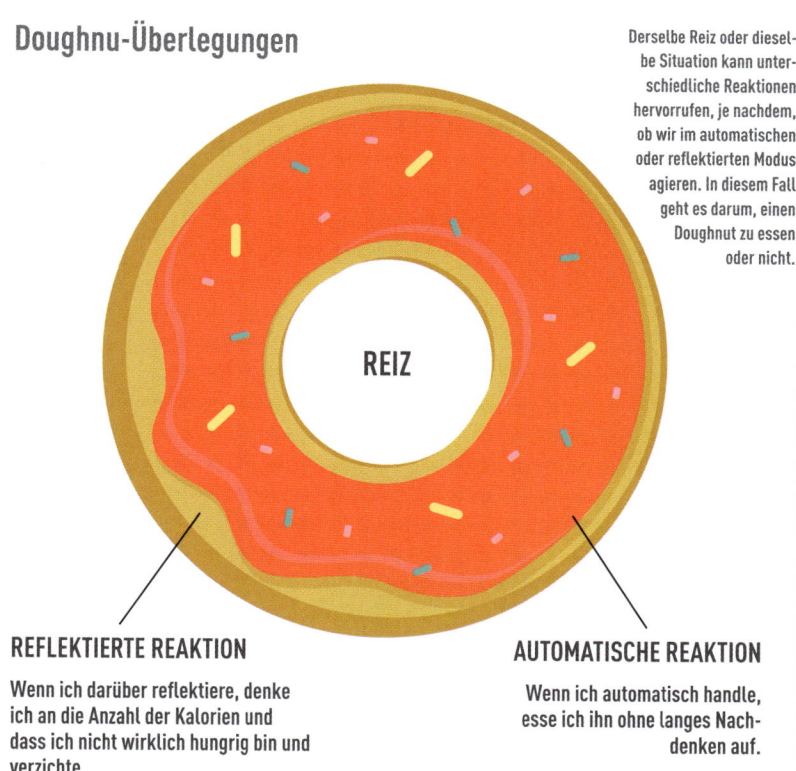

Doughnu-Überlegungen

Derselbe Reiz oder diesel-be Situation kann unter-schiedliche Reaktionen hervorrufen, je nachdem, ob wir im automatischen oder reflektierten Modus agieren. In diesem Fall geht es darum, einen Doughnut zu essen oder nicht.

REIZ

REFLEKTIERTE REAKTION

Wenn ich darüber reflektiere, denke ich an die Anzahl der Kalorien und dass ich nicht wirklich hungrig bin und verzichte.

AUTOMATISCHE REAKTION

Wenn ich automatisch handle, esse ich ihn ohne langes Nach-denken auf.

Dual-Process-Theorien besagen, dass wir manchmal mittels eines schnellen, oft unbe-wussten, automatischen Modus agieren und manchmal mittels eines langsameren, besser durchdachten und reflektierteren.

1.10 Genetische Anlage und Umwelt

Ist unser ganzes Verhalten durch die Gene bestimmt? Oder werden wir durch unsere Erfahrungen in der Welt ums uns herum angetrieben?

Schon seit Langem beschäftigt die Psychologie die Frage, inwieweit unser Denken und Verhalten von unserer Natur und der Umwelt beeinflusst sind. Unsere Natur beinhaltet unsere Erbanlagen, also unsere angeborenen Eigenschaften und Tendenzen. Unter Umwelt versteht man den Einfluss unserer physischen und sozialen Umgebung sowie Erfahrungen. Behavioristen favorisieren das Konzept der tabula rasa (leere Tafel). Ihrer Ansicht nach kann das Verhalten einer Person je nach Kombination von Verstärkung und Bestrafung beliebig geformt werden. Andere Konzepte wie die Evolutionspsychologie gehen von einer biologischen Determiniertheit aus, sodass das Verhalten durch genetische Faktoren, die sich im Laufe der Evolution herausbildeten, bestimmt ist.

Wie Forschungsergebnisse andeuten, ist es wahrscheinlich eine Mischung aus beidem. In Studien mit getrennt aufgewachsenen Zwillingen zeigen sich Ähnlichkeiten in Bereichen wie such Wahrscheinlichkeit von Depressionen, Persönlichkeit, politische Orientierung und Musikgeschmack. Ein hoher genetischer Ähnlichkeitsgrad lässt sich mit solchen Charaktereigenschaften und Verhaltensweisen in Verbindung bringen. Allerdings bleibt in diesen Fällen dennoch ein hohes Maß an Varianz ungeklärt, was darauf hindeuten könnte, dass die Umgebung eine Rolle spielt. Noch komplizierter wird das Thema durch die Tatsache, dass sich Umweltfaktoren nachweislich darauf auswirken, wie sich Gene ausdrücken und uns folglich beeinflussen.

In Anbetracht dessen sollten wir vielleicht nicht so sehr die Frage nach Anlagen versus Umwelt stellen, sondern erforschen, wie die beiden miteinander interagieren.

Wir alle haben etwa 24.000 Gene. Wir werden auch 24 Stunden am Tag von unserer Umwelt beeinflusst.

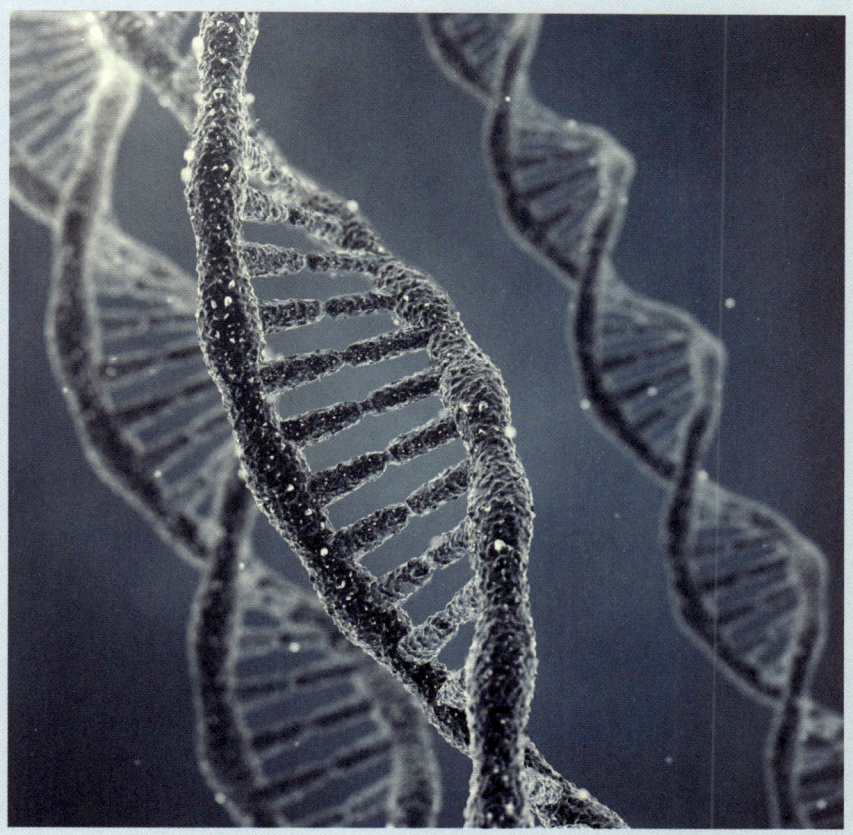

Sind wir Gefangene unserer Gene? Die Forschung gewährt immer mehr Einblicke, inwieweit unsere Gene unser Verhalten diktieren, wirft Fragen über die Strafbarkeit für Handlungen auf und erkundet, was genau der freie Wille ist.

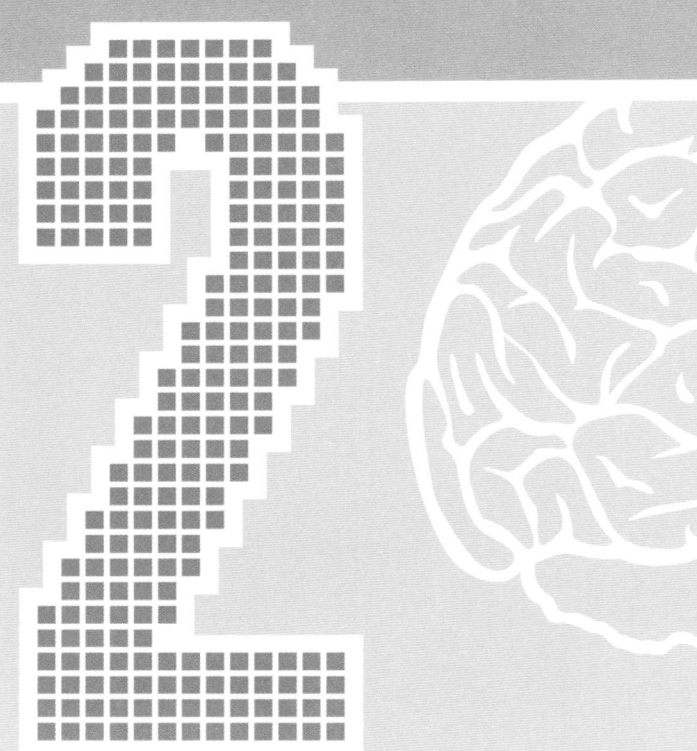

BIOLOGISCHE EINFLÜSSE

2

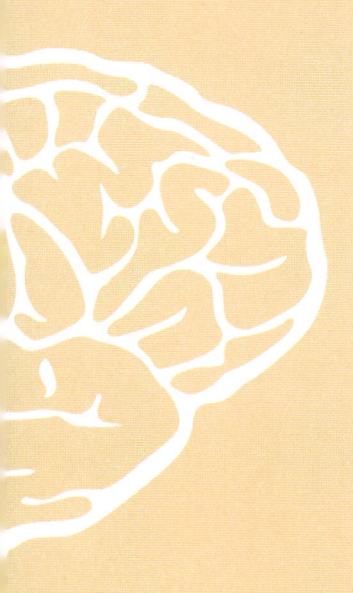

Psychologie beschäftigt sich mit unserem Verhalten und dessen Zusammenhang mit unseren Gehirnvorgängen. Als solche ist die Disziplin tief in den Biowissenschaften verankert. Wenngleich das vorrangige Interesse der menschlichen Psyche gilt, sind auch Untersuchungen am Gehirn und Verhalten von Tieren von grundlegender Bedeutung.

Zu Beginn beschäftigt sich dieses Kapitel mit der Vorstellung, dass unser Verhalten von einer Reihe verschiedener Systeme oder Module im Gehirn, etwa Sprache, Gedächtnis und Wahrnehmung, herrührt. Jedes davon wird von einer oder mehreren anatomischen Strukturen gesteuert. Um dies näher zu beleuchten, werfen wir einen Blick auf die Anatomie des Gehirns und umreißen seine Primärstrukturen und deren wichtigste Funktionen. Was genau machen sie?

Weiter geht es mit dem Nervensystem.
Dabei werden wir herausfinden, wie diese
Module gesteuert werden. Dieses komple-
xe Netzwerk von Neuronen ver-
bindet das Gehirn mit dem Rest des
Körpers und übermittelt Botschaften
von einem Neuron zum nächsten. Ganz
schön erstaunlich, wenn man bedenkt,
dass ein erheblicher Teil unseres Ver-
haltens auf dieser winzigen, zellulären
Ebene seinen Ausgang nimmt. Bestimmte
Verhaltensänderungen stehen in direktem
Zusammenhang mit einer veränderten
Stärke der Verbindungen zwischen diesen
Neuronen. Darauf folgt eine eingehendere
Betrachtung des Verhältnisses zwischen
Gehirn und Verhalten. Welche Rolle spie-
len Hormone, Gene und die Umwelt in un-
serem Verhalten? Zu guter Letzt betrach-
ten wir das menschliche Verhalten im
Kontext der Evolution und inwiefern unser
Wissen über das menschliche Verhalten
von dem über andere Tiere geprägt ist.

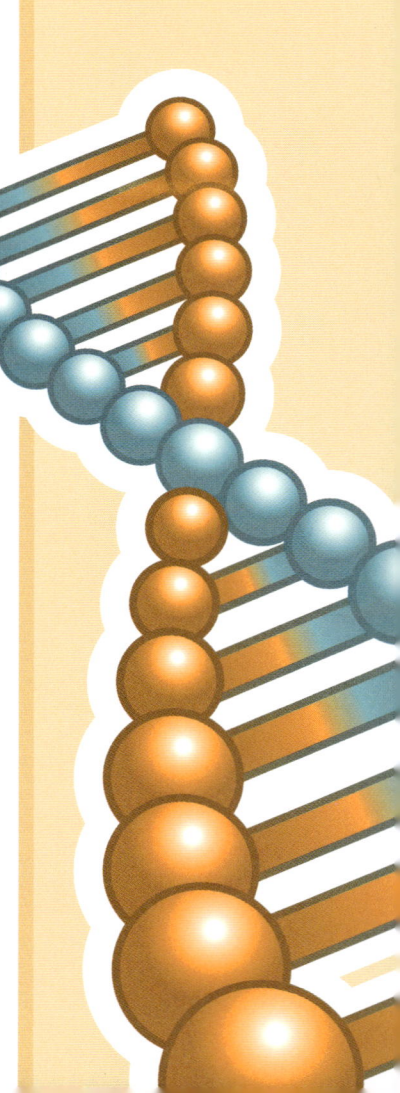

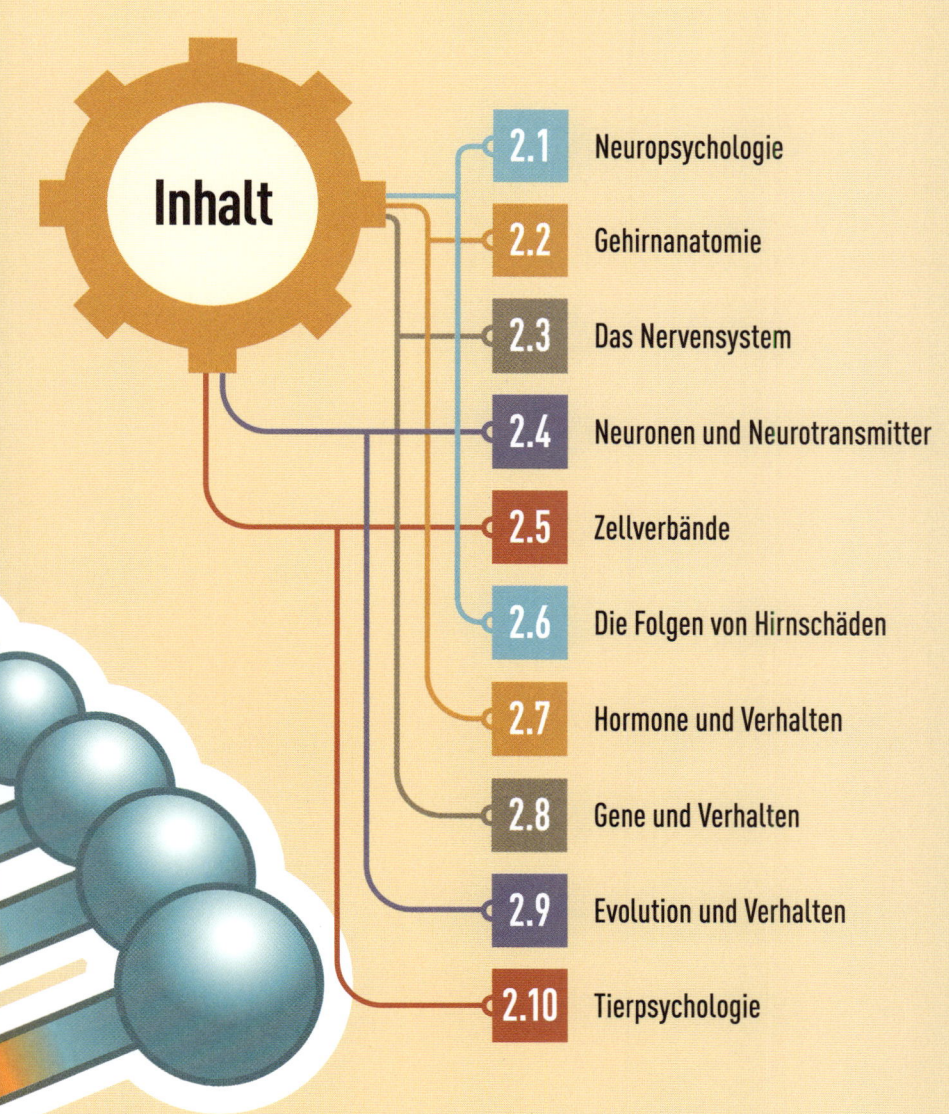

2.1 Neuropsychologie

Was genau ist die Verbindung zwischen unserem Gehirn, seinen diversen Funktionen und unserem Verhalten?

Im 19. Jahrhundert vertraten sogenannte Phrenologen die Ansicht, dass sich bestimmte menschliche Charakterzüge wie Ehrgeiz und Gerissenheit bestimmten Gehirnarealen zuordnen lassen. Während sich viele Aspekte der Phrenologie als unplausibel erwiesen, besteht das Grundkonzept bis heute fort, und zwar in der Wissenschaft der **Neuropsychologie.**

Die These, dass verschiedene Verhaltensfunktionen in direktem Zusammenhang zur Anatomie des Gehirns stehen, wurde von Paul Broca und Karl Wernicke im 19. Jahrhundert gestützt. Sie fanden heraus, dass nach der Schädigung bestimmter Bereiche in der linken Hirnhälfte unterschiedliche Arten von Sprachbeeinträchtigung auftraten. Die Theorie wurde von Wissenschaftern wie Wilder Penfield weiter vorangetrieben, der eine Karte der sensorischen und motorischen Funktionen des Gehirns erstellte, indem er den Cortex von Patienten vor Operationen stimulierte (1951).

Das aktuelle Wissen über das Verhältnis zwischen Gehirn und Verhalten beruht auf der Vorstellung von **Modularität**, also dass alle Aspekte einer bestimmten Fähigkeit als eigenständiges Modul funktionieren (siehe Thema 1.7). Jedes Modul steht in Verbindung zu bestimmbaren neuralen Strukturen im Gehirn. Anstatt aber anatomisch lokalisierbar zu sein, sind diese Strukturen verbunden, aber im Gehirn verteilt – eine Annahme, die durch Beweise in der Hirnchirurgie und Gehirnscans gestützt wird. Zwar sind die Module voneinander unabhängig, doch interagieren sie auch miteinander, und genau diese Interaktion beeinflusst unser Verhalten.

Scans offenbaren bei der Ausübung unterschiedlicher Tätigkeiten eine erhöhte Aktivität in unterschiedlichen Bereichen des Gehirns.

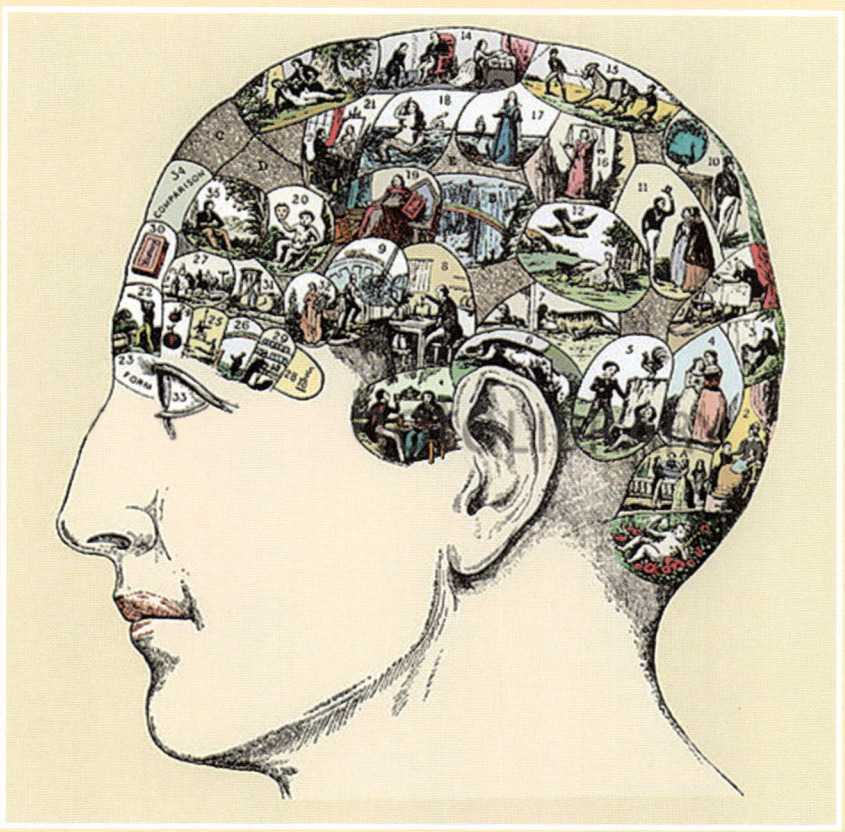

Die Phrenologie war eine Wissenschaft im 19. Jahrhundert, die die Ansicht vertrat, dass sich unterschiedliche Fähigkeiten in der Organisation des Hirns widerspiegelten. Phrenologen stellten einen Zusammenhang zwischen Charaktereigenschaften und der Schädelform her, um Karten wie die oben zu erstellen. Mit diesen bestimmten sie dann den Charakter einer Person.

2.2 Gehirnanatomie

Das Gehirn von Säugetieren hat sich aus den einfacheren Gehirnen von Fischen und Reptilien heraus gebildet. Es steuert alle Aspekte des Verhaltens.

Das Gehirn lässt sich in drei Hauptbereiche gliedern, die jeweils aus vielen miteinander vernetzten Strukturen zusammengesetzt sind. Sie unterscheiden sich in ihrem evolutionären Alter und der Komplexität der Verhaltensweisen, die sie steuern.

■ **Der Hirnstamm**: Er wir manchmal als Reptiliengehirn bezeichnet. Er steuert alle Grundfunktionen wie Essen, Trinken und Fortpflanzung. Besonders bedeutsam ist das aufsteigende retikuläre Aktivierungssystem. Dieses übermittelt Informationen von den Sinnesorganen an verschiedene Teile des Gehirns. Es steuert das Bewusstsein – vom Schlaf bis hin zur Erregung in einer Kampfsituation.

■ **Das limbische System** und die **Basalganglien**: Bei Ersterem handelt es sich um eine Reihe verbundener Strukturen, die für die Emotionen, Gedächtnis und räumliches Verhalten zuständig sind. Zweitere sind eine Reihe von Strukturen, die bei der **motorischen Steuerung** und dem **assoziativen Lernen** eine wichtige Rolle spielen.

■ **Die Großhirnrinde**: Diese Zellschicht (graue Substanz) bildet eine „Haube" über dem Reptiliengehirn. Sie zeichnet sich durch eine starke Verfaltung aus und untergliedert sich in Lappen (siehe gegenüber). Die relative Größe des Cortex scheint in Zusammenhang zur Intelligenz der Spezies zu stehen.

Bei Säugetieren beträgt sie 80 Volumenprozent, sodass diese einen evolutionären Vorteil gegenüber anderen Spezies haben.Diese breite Untergliederung gibt den hohen Vernetzungsgrad der drei verschiedenen Strukturen und das Verhältnis zwischen jeder der Strukturen und unserem Verhalten aber nur unzureichend wider.

Das menschliche Gehirn verbraucht etwa 20 Prozent des Sauerstoffs, der dem Körper zur Verfügung steht. Das steht in gar keinem Verhältnis zu seiner Größe.

The kortikalen Lappen und ihre Funktionen

FRONTALLAPPEN
Besonders wichtig für Ent-
scheidungsfindung, Motivation/
Unterdrückung, Sprache
(Wortwahl) und motorische
Kontrolle.

PARIETALLAPPEN
Besonders wichtig für
Berechnung, Buchstabieren,
erlernte, geschickte Fertigkeiten, Wahrnehmung
und Körpergefühl/-position.

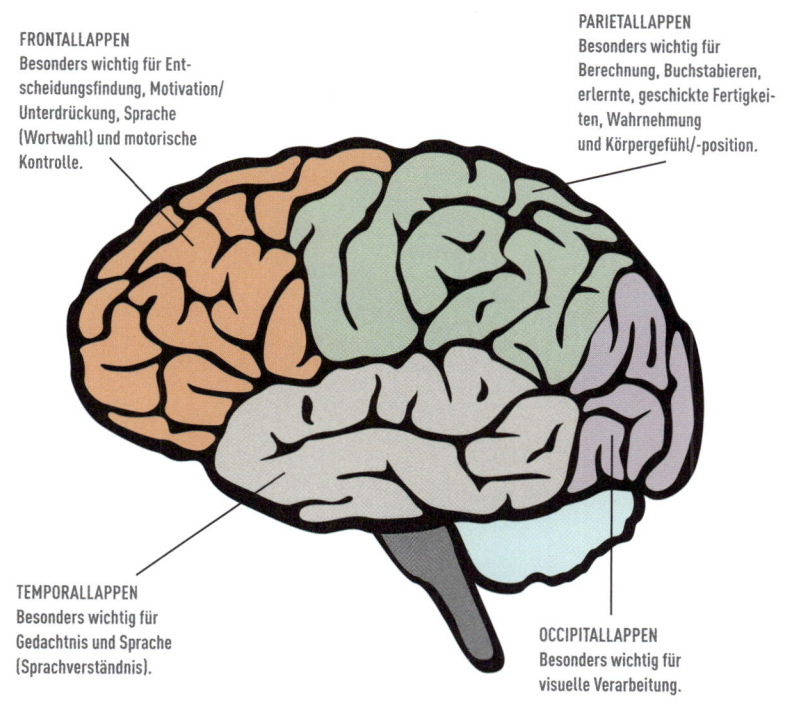

TEMPORALLAPPEN
Besonders wichtig für
Gedachtnis und Sprache
(Sprachverständnis).

OCCIPITALLAPPEN
Besonders wichtig für
visuelle Verarbeitung.

Größere Falten im cerebralen Cortex untergliedern jede Seite des Gehirns in vier
Hauptlappen: Frontal-, Parietal-, Temporal- und Occipitallappen. Jeder Lappen
steht in Verbindung zu einer oder mehreren höheren Funktionen.

2.3 Das Nervensystem

Das Gehirn ist die Hauptsteuerung eines Kommunikationsnetzwerks, das Informationen durch den ganzen Körper feuert.

Das Nervensystem besteht aus Milliarden miteinander verbundenen Zellen, sogenannten Neuronen, und dient als Kommunikationsnetzwerk des menschlichen Körpers. Es ist zweigeteilt. Das Zentralnervensystem (ZNS) setzt sich aus dem Gehirn und dem Rückenmark zusammen. Das periphere Nervensystem (PNS) ist ein Netzwerk, welches das ZNS mit dem Rest des Körpers verbindet.

Kurzum:
- **Afferente Neuronen** übermitteln Informationen von den Sinnesorganen (Augen, Ohren) und den inneren Organen ans Gehirn.
- **Efferente Neuronen** übermitteln Handlungsanweisungen vom Gehirn an die inneren Organe und die motorischen Organe (Hände).
- Das Gehirn übernimmt steuernde Aufgaben wie etwa die Interpretation von einlangenden Informationen und das Treffen von Entscheidungen.

Das Nervensystem ist weiter unterteilt in das somatische und das autonome Nervensystem. Ersteres steuert Körperbewegungen wie Gehen und Sprechen. Zweiteres steuert die inneren Organe wie Herz, Lunge und Magen. Das autonome Nervensystem wiederum gliedert sich in das sympathische und das parasympathische Nervensystem. Das sympathische Nervensystem ist in Situationen aktiv, die eine Aktion erfordern. Es sorgt für eine erhöhte Herz- und Atemfrequenz und eine Bereitschaft zu Kampf oder Flucht. Das parasympathische Nervensystem kommt in Situationen zum Einsatz, die herkömmliche Funktionen wie Essen, Ruhen, Schlafen erfordern.

Unter Phantomglied versteht man die Empfindung, eine amputierte Gliedmaße sei noch vorhanden. Der Grund dafür ist, dass das Hirnareal, das die Gliedmaße repräsentiert, weiterhin funktioniert.

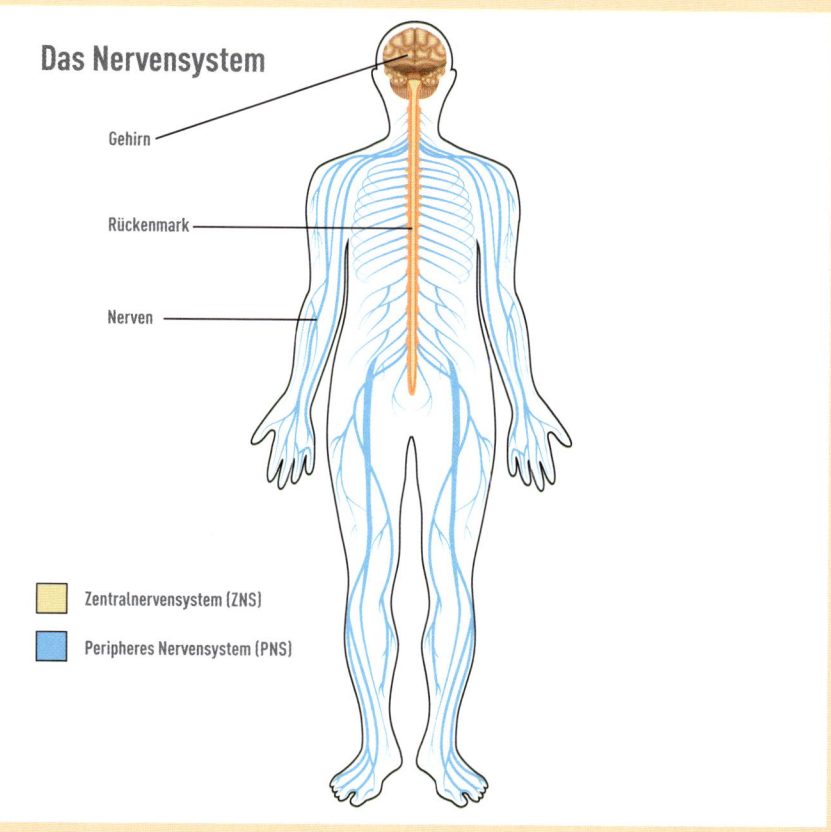

Das Nervensystem

Gehirn

Rückenmark

Nerven

Zentralnervensystem (ZNS)

Peripheres Nervensystem (PNS)

Das ZNS umfasst das Gehirn und das Rückenmark. Das PNS umfasst die Bahnen zu und von den internen und externen Strukturen des Körpers.

2.4 Neuronen und Neurotransmitter

Während die Informationen von einem Teil des Nervensystems zum nächsten flitzen, spielt sich eine Reihe elektrischer und chemischer Prozesse ab.

Der Grundbestandteil des Nervensystems ist das **Neuron**. Dabei handelt es sich um eine Zelle, die aus einem Zellkörper besteht, der durch seine verästelten Dendriten Reize von anderen Neuronen empfängt. Sodann überträgt sie die Reize über ein kabelähnliches **Axon** auf andere Neuronen (siehe gegenüber).

Die Übermittlung von Informationen innerhalb eines Neurons läuft elektrisch ab. Es empfängt einen Reiz von anderen Neuronen und sobald eine bestimmte Schwelle überschritten wird, wird ein Aktionspotential ausgelöst. Das Neuron feuert und leitet dabei den Reiz an die nächste Gruppe von Neuronen weiter.

Die Übertragung erfolgt vom Zellkörper weg entlang des Axons und erzielt dabei Geschwindigkeiten von bis zu 400 km/h. Die Informationsübertragung zwischen Neuronen erfolgt auf chemische Weise. Zwischen den Neuronen gibt es eine Lücke, die Synapse genannt wird. Erreicht ein Signal eine **Synapse**, so werden Moleküle, sogenannte Neurotransmitter, freigesetzt. Diese überbrücken die Lücke und heften sich an das empfangende Neuron an, wodurch der Reiz übertragen wird. An einer Synapse kann mehr als eine Art von Neurotransmitter agieren, und jede Art kommuniziert mit einer anderen Untergruppe von Neuronen.

Diese elektrischen und chemischen Prozesse erfolgen kontinuierlich und erlauben es den Neurotransmittern, bestimmte Funktionen anzuregen. So steht etwa der Neurotransmitter Dopamin in Zusammenhang mit Glücksgefühlen und der Wirksamkeit von Belohnung, aber auch mit Bewegung und Körperhaltung.

Psychopharmaka, die zur Behandlung von Krankheiten wie Depressionen eingesetzt werden, verändern die Arbeitsweise von Neurotransmittern.

Neuronen und Neurotransmitter

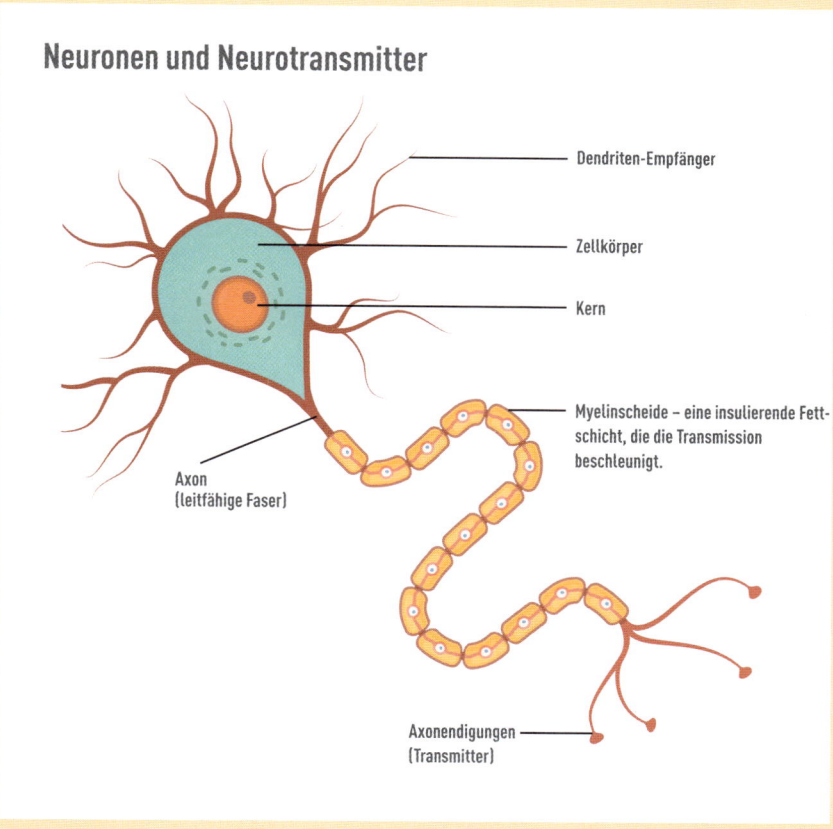

Dendriten-Empfänger

Zellkörper

Kern

Myelinscheide – eine insulierende Fettschicht, die die Transmission beschleunigt.

Axon
(leitfähige Faser)

Axonendigungen
(Transmitter)

Der Reiz wird von den Dendriten empfangen und das Axon hinab zu anderen Neuronen übertragen, wo er mithilfe von Neurotransmittern die Synapse überbrückt

2.5 Zellverbände

Wie bildet und speichert das Gehirn Erinnerungen? Einiges deutet darauf hin, dass der Prozess auf Zellebene beginnt.

Die Frage, ob Erinnerungen in bestimmten Gehirnzellen lokalisiert oder auf viele Zellen verteilt sind, hat der Neuropsychologe Donald Hebb (1949) geklärt. Ihm zufolge sind Erinnerungen in **Zellverbänden**, miteinander verbundenen Zellen, die über den Cortex verteilt sind, kodiert (siehe Thema 2.1). Sie entstehen gemäß Hebbscher Lernregel: Je öfter Neuronen zugleich aktiv sind, desto eher reagieren sie aufeinander.

Beim Lernen kommt es im Gehirn auf Zellebene zu Veränderungen – also in den Neuronen im Nervensystem. Wird ein Neuron mit einem einzigen, hochfrequenten elektrischen Impuls stimuliert, wird die Aktivierung des empfangenden Neurons bei späteren Gelegenheiten verstärkt (siehe Thema 2.4). Dieses Phänomen heißt **Langzeit-Potenzierung** und zeigt, dass ein einziges Ereignis eine langfristige Veränderung in der Verbindung zwischen Neuronen bewirken kann. Der Effekt wird mit jeder Wiederholung verstärkt.

Zellverbände erklären zum Teil, wie Erinnerungen gebildet und gespeichert werden. Wir wissen, dass ein Teil des Vorderhirn (der Hippocampus) an der Verarbeitung neuer Erinnerungen beteiligt ist, da Patienten mit Schäden am Hippocampus sich nicht einmal an Ereignisse vor wenigen Minuten erinnern können. Nach der Verarbeitung werden neue Erinnerungen an verschiedenen Orten im Cortex (siehe Thema 5.4) gespeichert. Wir wissen dies, da dieselben Patienten bei intaktem Hippocampus sich an lange Zurückliegendes erinnerten.

Der Neurochirurg Wilder Penfield stimulierte den Cortex von Patienten bei Bewusstsein, um herauszufinden, welche Funktionen die einzelnen Hirnareale hatten.

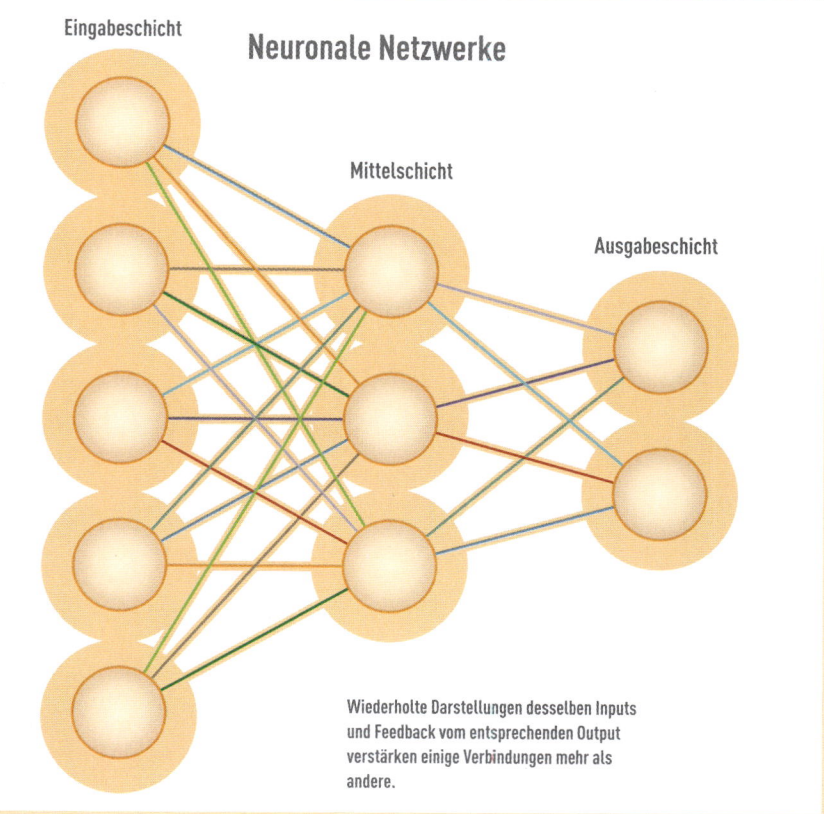

Eingabeschicht

Neuronale Netzwerke

Mittelschicht

Ausgabeschicht

Wiederholte Darstellungen desselben Inputs und Feedback vom entsprechenden Output verstärken einige Verbindungen mehr als andere.

Anhand der Hebbschen Lernregel bildeten Computersimulationen Zusammenhänge zwischen einem Muster aus Inputs (etwa Buchstaben) und einem einzigen Output (ein Wort).

2.6 Die Folgen von Hirnschäden

Durch die Erforschung der Folgen von Hirnschäden , erhalten die Forscher Aufschlüsse über den Aufbau Gehirns.

Hirnschäden haben unterschiedliche Ursachen und die Folgen hängen von der Art der Schädigung ab.

- Die Folgen einer Penetrierung wie etwa ein Nagel durch den Schädel können lokal beschränkt sein.

- Bei geschlossenen Kopfverletzungen wie etwa bei Autounfällen führt eine heftige Bewegung dazu, dass das Gehirn gegen den Schädel stößt. Die Schädigung ist **diffus**.

- Die Folgen eines Schlaganfalls, wenn das Gehirn nicht durchblutet wird oder eine Kapillare platzt, hängen davon ab, wie schnell der Zustand gestoppt wird.

Die Auswirkungen werden in lose miteinander verbundene Symptome gruppiert, die **Syndrome** genannt werden. Eine Schädigung des Erinnerungsvermögens wird Amnesie genannt; die Unfähigkeit, Objekte wiederzuerkennen, Agnosie; das verlorene Sprachvermögen Aphasie.

Die häufige Begrenztheit der Schäden ließ wertvolle Erkenntnisse für die Neuropsychologie zu. Insbesondere trug sie zur Entwicklung des Konzepts der **Modularität** bei (siehe Thema 2.1). Darunter versteht man die Vorstellung, dass Fähigkeiten wie visuelle Wahrnehmung, Erinnerung und Sprache als unabhängige (aber interagierende) Prozesse funktionieren. Umgekehrt hat uns die Modularität weitere Aufschlüsse darüber geliefert, was oft als eine Reihe von Symptomen erscheint; so etwa die Unterscheidung zwischen Kurz- und Langzeitgedächtnis.

Neurale Stammzellen, die nach einer experimentellen traumatischen Gehirnverletzung implantiert wurden, fördern die Genesung der motorischen und kognitiven Fähigkeiten.

Konstruktive Apraxie

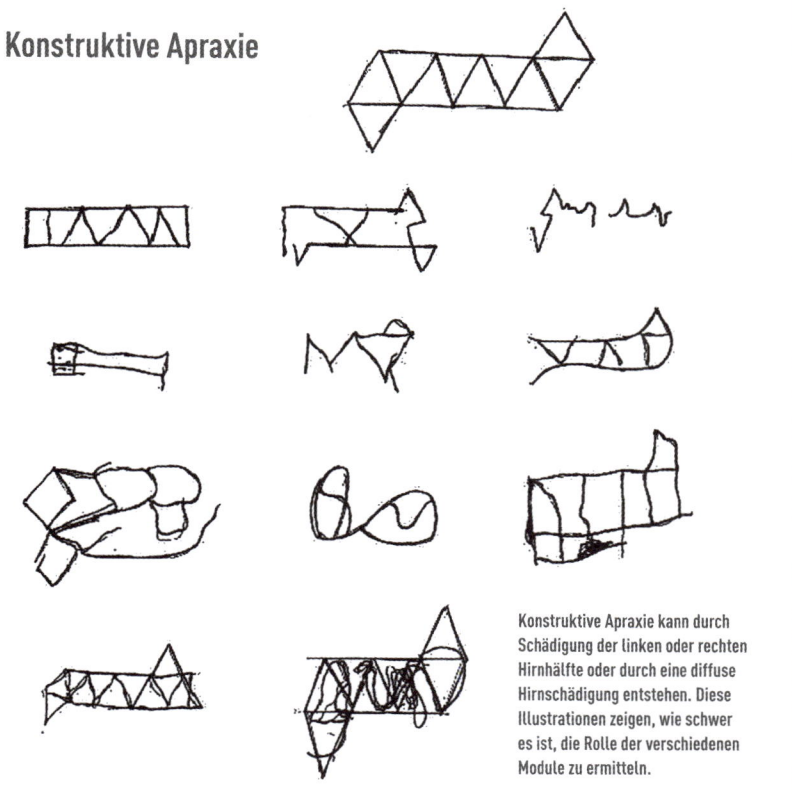

Konstruktive Apraxie kann durch Schädigung der linken oder rechten Hirnhälfte oder durch eine diffuse Hirnschädigung entstehen. Diese Illustrationen zeigen, wie schwer es ist, die Rolle der verschiedenen Module zu ermitteln.

Die Erforschung von Hirnschäden ist sehr problematisch wenn es um mehrmodulige Funktionen wie das Abzeichnen geht, das visuelle Wahrnehmung, visuelle Vorstellung, Planung und motorische Kontrolle umfasst.

2.7 Hormone und Verhalten

Unter gewissen Umständen und in bestimmten Situationen können unsere Hormone unser Verhalten beeinflussen.

Hormone sind chemische Botenstoffe, die von den endokrinen Drüsen gebildet werden und über die Blutbahn zu Organen und Geweben gelangen. Sie können unser Verhalten beeinflussen.

■ Die **Gonaden** produzieren Sexualhormone – bei Männern Androgene, bei Frauen Östrogen und Progesteron. Weiblich ist das Standardgeschlecht und die Produktion von Androgenen (im Y-Chromosom vorhanden) ist vorwiegend für die Entwicklung von männlichen Sexualorganen und männlichen Geschlechtsmerkmalen verantwortlich.

■ Der **Östrogen- und Progesteronspiegel** steigt in der Schwangerschaft und beeinflusst das mütterliche Verhalten nach der Geburt. Der Östrogen- und Progesteronspiegel unterliegt während der Menarche (erste Periode), Menstruation, Schwangerschaft und Menopause größeren Schwankungen, die affektive Störungen verursachen können. Diese treten bei Frauen mehr als doppelt so oft auf wie bei Männern.

■ **Die Nebenniere** schüttet Stresshormone aus, die mit Kampf oder Fluchtreaktionen bei Stress in Verbindung stehen. Männliche Tiere sind nachweislich aggressiver als weibliche und dies wird durch einen höheren Androgenspiegel vor der Geburt und im Laufe des Lebens beeinflusst.

Dies erklärt zum Teil, warum unser Verhalten von Person zu Person und auch zwischen den Geschlechtern variiert.

Unmittelbar nach dem Finale der WM 1994, in dem Brasilien Italien besiegte, wiesen die brasilianischen Zuseher höhere Testosteronwerte auf als die italienischen Fans.

Aggressives Verhalten innerhalb einer Spezies wie hier den zwei Spießböcken zeigt sich für gewöhnlich zwischen zwei Männchen. Meist geht es dabei um Territorium oder Weibchen.

2.8 Gene und Verhalten

Es liegt an den Genen … oder doch nicht? Mithilfe der Genetik versuchen Forscher festzustellen, in wie weit unsere Charaktereigenschaften vererbt sind.

Ein **Gen** ist ein biologischer Baustein. Jedes ist eine Anleitung zur Bildung einer Zellart und gemeinsam funktionieren sie als Rezept für einen bestimmten Organismus. Dieses Rezept – der **Genotyp** – ist aus Genen zusammengesetzt, die bei der Befruchtung des Eis von beiden Elternteilen vererbt werden.

Der **Phenotyp** ist das Merkmal, das entsteht, sobald die Bausteine zusammengefügt sind. Mitunter ist er auf ein einziges Gen rückverfolgbar (etwa bei Grübchen oder Down-Syndrom), doch die meisten Merkmale ergeben sich aus der Interaktion mehrerer Gene, etwa Augenfarbe und Intelligenz.

Die Frage ist, bis zu welchem das Ausmaß ein Phenotyp vererbt oder erworben ist (siehe Thema 1.10). Um dies herauszufinden , beschäftigen sich die Forscher mit Verhaltensgenetik. Die Grundannahme hier lautet, dass die Häufigkeit eines Charaktermerkmals in einer bestimmten Bevölkerung von dem Maß abhängt, zu dem die Mitglieder genetisch miteinander verwandt sind. So haben Geschwister meist mehr Charaktermerkmale gemein als etwa Cousins. Gleichsam ähneln Adoptivkinder ihren biologischen Eltern stärker als ihren Adoptiveltern. Zweieiige Zwillinge haben zu 50 Prozent die gleichen Gene, bei eineiigen sind es 100 Prozent.

Studien haben allerdings gezeigt, dass auch Umwelteinflüsse eine Rolle spielen – und die Zusammenhänge sind oft komplex.

Bis zu einem gewissen Teil haben wir Gene mit allen Tieren gemein, von 38 Prozent (Spulwurm) bis 90 Prozent (Schimpanse).

Gene und Schizophrenie

Verhältnis zur Person	Gemeinsame Gene in %	Ungefähres Risiko	Umgebung
Eineiiger Zwilling	100%	40-50%	Sehr ähnlich
Zweieiiger Zwilling	50%	15-20%	Sehr ähnlich
Geschwister	50%	5-10%	Ähnlich
Cousin 1. Grades	12,5%	0-5%	Variabel
Allgemeine Bevölkerung	0%	1%	Unabhängig

Die Tabelle zeigt die Wahrscheinlichkeit, schizophren zu sein, auf Basis des genetischen Verhältnisses zu der betroffenen Person. Bei einem Naheverhältnis ist wahrscheinlich auch die Umgebung ähnlich. Dadurch sind die jeweiligen Auswirkungen von Vererbung und Umgebung schwer unterscheidbar.

2.9 Evolution und Verhalten

Hat die Evolution einen Einfluss auf die Art, wie wir zu unserer Umwelt in Beziehung treten und auf sie reagieren?

Evolution ist das Ergebnis umweltbezogener Selektion über viele Generationen hinweg. Sie erfolgt, da Zellen mutieren und die Mutationen werden dann von den Folgegenerationen geerbt. Organismen mit Mutationen, die das Überleben begünstigen, pflanzen sich fort, während sich jene mit Mutationen, die das Überleben nicht begünstigen, meist nicht.

Die Evolution fügt neue Strukturen hinzu ohne die alten zu entfernen. Das Gehirn von Säugetieren besteht aus einem Reptiliengehirn mit hinzugefügten Strukturen wie der Großhirnrinde (siehe Thema 2.2). Die älteren Strukturen werden aber nicht entfernt, sondern bleiben mit den neueren verbunden und funktionieren mitunter noch immer. So können etwa Personen, die aufgrund von kortikalen Schäden Objekte in einem bestimmten Gesichtsfeldbereich nicht sehen können, diese implizit dennoch wahrnehmen, da sie auf ein älteres Sehsystem zurückgreifen.

Darwinisten zufolge entwickeln sich Tiere unterschiedlich, um sich an die Anforderungen ihrer Umgebung anzupassen, während ähnliche Verhaltensweisen zwischen ihnen bestehen bleiben. Dies würde erklären, warum der Kampf-oder-Fluchtreflex in einer Vielzahl von Spezies verbreitet ist. **Cartesianer** jedoch sind der Meinung, dass die Menschen hinsichtlich ihres Verhaltens im Laufe der Evolution keine Kontinuität aufweisen (siehe Thema 3.4). Ihnen zufolge ist der beste Beweis dafür die Einzigartigkeit der menschlichen Sprache.

> **Wer hat die längste evolutionäre Kette? Kakerlaken: 300 Millionen Jahre; Dinosaurier: 135 Millionen Jahre; Humanoiden: 6 Millionen Jahre.**

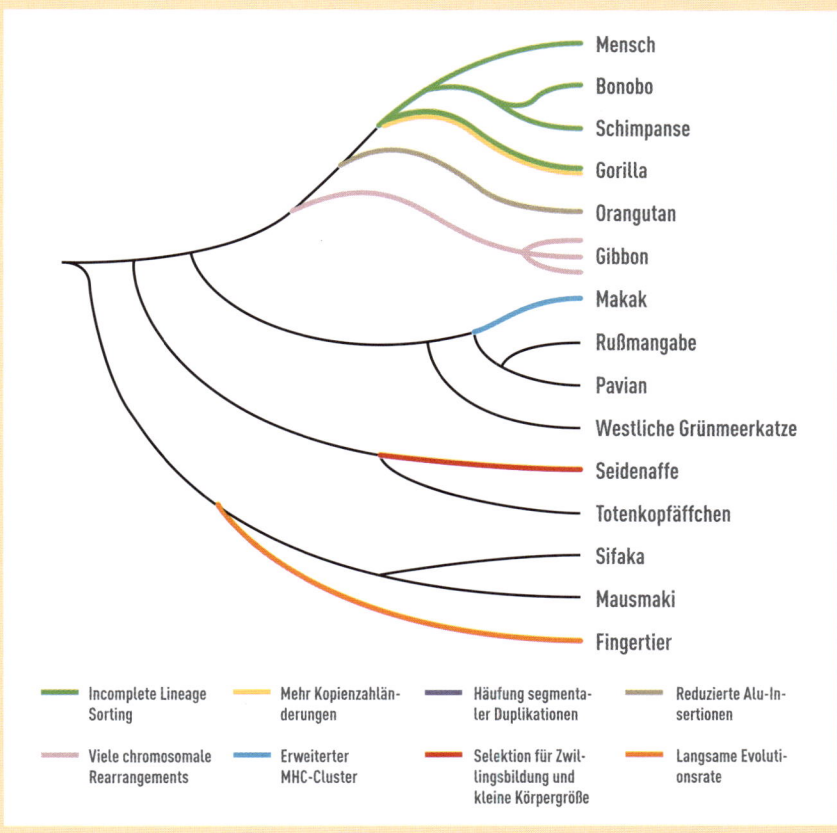

Der Evolutionsbaum zeigt die menschliche Linie im Vergleich zu Spezies, deren Genomsequenzen bekannt sind. (Jeffrey Rogers und Richard A. Gibbs, 2014)

2.10 Tierpsychologie

Welche Mechanismen haben Menschen mit anderen Spezies gemein?

Unter Tierpsychologie versteht man die Erforschung von artübergreifendem Verhalten, um gemeinsame und artenspezifische Mechanismen zu ermitteln. Sie wurzelt in der Evolutionstheorie und bietet die Gelegenheit zum Testen von Hypothesen, die aus ethischen oder praktischen Gründen am Menschen nicht erforschbar sind.

Man denke an die starke soziale Bindung zwischen einem neugeborenen Kind und seiner Mutter. Bei vielen Spezies entsteht diese Bindung während einer entscheidenden Phase der Entwicklung. Nobelpreisträger Konrad Lorenz zeigte, dass frisch geschlüpfte Wildgänse das erste bewegliche Objekt als ihre Mutter sahen, ein Phänomen, das er Prägung nannte (1935). John Bowlby wies nach, dass neugeborene Menschen, denen diese mütterliche Bindung verwehrt blieb, später psychische Probleme bekamen (1951), während Harry Harlow veranschaulichte, dass sich mutterlose Äffchen an mit Stoff bespannte Drahtgestelle als Ersatzmutter klammeren (1959).

Skinner rief bei Tauben abergläubisches Verhalten (zum Beispiel im Kreis drehen vor dem Essen) hervor, indem er sie willkürlich mit Futter belohnte.

Behavioristen wie B. F. Skinner wiederum erforschten anhand von Ratten und Tauben die Mechanismen des Lernens (siehe auch Kapitel 6.2). Sie zeigten, dass Belohnung langfristiges Lernen förderte, während Bestrafung nur das Verhalten nur unterdrückte. Wenngleich diese Prinzipien erfolgreich in der Erziehung, im klinischen Bereich und im Strafvollzug angewendet wurden, ist weiterhin umstritten, ob die Mechanismen bei allen Spezies gleich sind.

Spezies in unterschiedlichen Stadien der evolutionären Entwicklung setzten alle Werkzeuge ein, aber die Raffinesse des Werkzeugs und sein Einsatz spiegeln ihre physischen und intellektuellen Fähigkeiten und Umweltanforderungen wider.

LEBENSSPANNEN-PSYCHOLOGIE

Lebensspannenpsychologie wird auch Entwicklungspsychologie genannt. Heutzutage wird häufiger der erste Begriff verwendet, um zu betonen, dass sich Entwicklung nicht nur auf die Kindheit beschränkt: Menschen entwickeln sich ihr ganzes Leben lang. Sie ist eine anspruchsvolle Disziplin und beschäftigt sich mit der Interaktion aller Zweige der Psychologie (z. B. kognitive, Sozial- und Biopsychologie), um zu verstehen, wie und warum es zu Veränderungen kommt.

In diesem Kapitel betrachten wir zuerst die Faktoren, die unsere Entwicklung bereits vor der Geburt beeinflussen. Wir schauen uns an, wie weit das sich entwickelnde Gehirn für in dieser Zeit erlittene Schäden kompensieren kann. Dann ergründen wir die Struktur des Gehirns und wie es Informationen verarbeitet. Werden Informationen nur in bestimmten Bereichen verarbeitet oder läuft der Prozess weitreichender ab? Hat unsere Entwicklung beobachtbare Meilensteine oder entwickeln wir uns allmählich?

Wir werfen einen Blick auf Kleinkinder und die Methoden, um sie zu testen. Sie reichen vom Einschätzen der Reaktion eines Kindes auf einen neuen Stimulus bis zum Testen seiner Fähigkeit, verschiedene Arten von Informationen zu verarbeiten. Welchen Zweck haben diese Tests? Und wie genau sind sie, wenn man bedenkt, dass Kleinkinder ihre Gedanken noch nicht artikulieren können?

Die soziale Entwicklung hat viele Aspekte. Wir betrachten die wichtigsten davon. Zuerst geht es um die Selbsterkenntnis von Kleinkindern. Dann behandeln wir die „Theory of Mind" – die Entwicklung eines Verständnisses dafür, dass andere Personen andere Denkinhalte als man selbst haben können. Ein Blick auf Freundschaften zeigt uns, wie sie entstehen und sich im Lauf der Zeit verändern.

Schließlich untersuchen wir das Altern. Mit dem Alter lassen unsere Sinnesfähigkeiten nach, aber ist der kognitive Verfall unvermeidlich?

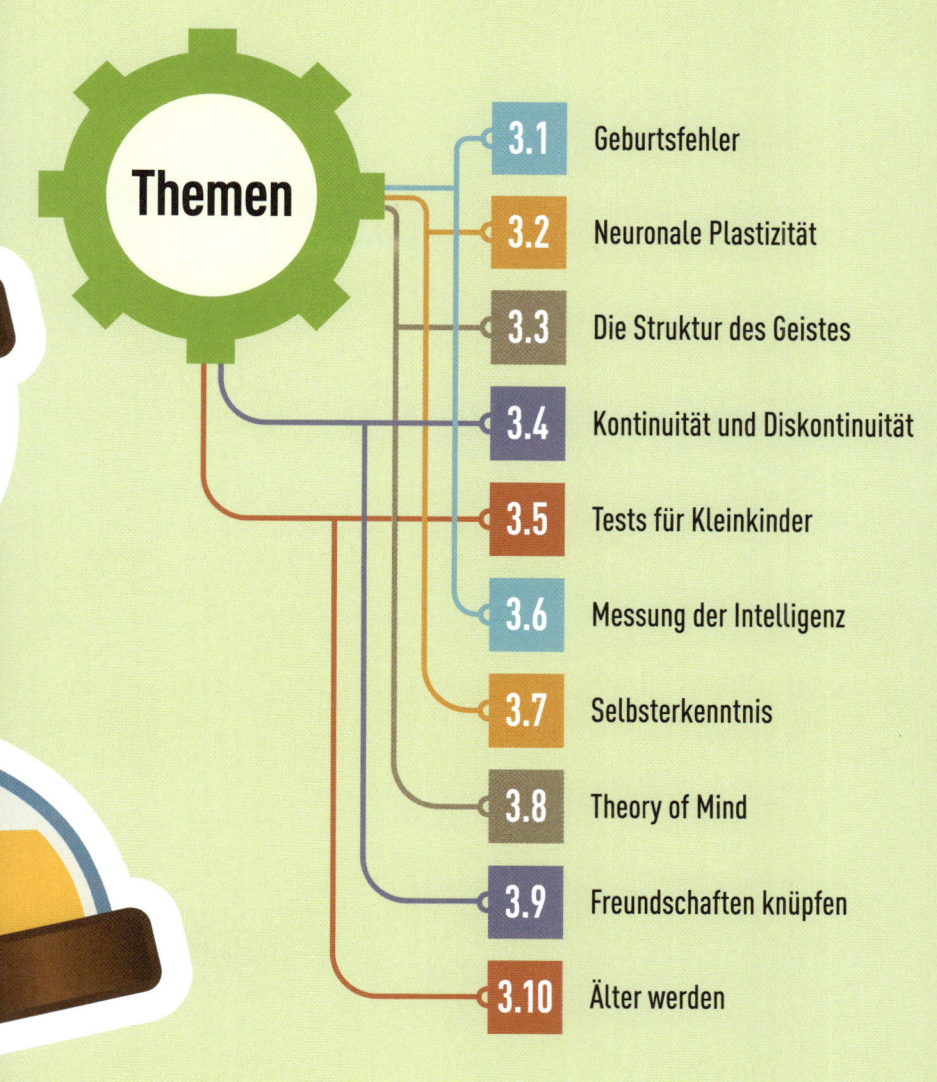

Themen

3.1	Geburtsfehler
3.2	Neuronale Plastizität
3.3	Die Struktur des Geistes
3.4	Kontinuität und Diskontinuität
3.5	Tests für Kleinkinder
3.6	Messung der Intelligenz
3.7	Selbsterkenntnis
3.8	Theory of Mind
3.9	Freundschaften knüpfen
3.10	Älter werden

3.1 Geburtsfehler

Selbst bevor eine Frau weiß, dass sie schwanger ist, kann der wachsende Embryo bereits verschiedenen Gefahren ausgesetzt sein.

Zahlreiche nichtgenetische Einflüsse – **Teratogene** – können die Entwicklung eines Embryos beeinträchtigen und Geburtsfehler verursachen. Das können aufgenommene Stoffe sein, z. B. Akohol, aber auch Umwelteinflüsse – etwa Infektionen wie Röteln oder Herpes – oder andere äußere Einflüsse, wie etwa Strahlung.

Bestimmte Teratogene werden mit spezifischen Fehlbildungen in Verbindung gebracht, z. B. Alkohol mit dem fetalen Alkoholsyndrom, das zu Wachstumsanomalien und/oder kognitiven Störungen führen kann. Strahlung kann je nach Dosis Spina bifida, Gaumenspalten und Blindheit verursachen. Das ist der Grund, warum Ärzte Schwangere meist nicht röntgen.

Der Zeitpunkt der Exposition bestimmt, wie sich Teratogene auswirken, je nachdem, was sich am Baby gerade entwickelt. In den 1950er- und 1960er-Jahren verabreichte man Frauen Thalidomid gegen Morgenübelkeit – was dazu führte, das viele ihrer Babys mit Missbildungen geboren wurden. Man fand heraus, dass es von der Zeit der Einnahme abhing, welche Gliedmaßen betroffen waren, was wiederum Auskunft über kritische Phasen der vorgeburtlichen Entwicklung gab.

Nicht nur Einflüsse von Seiten der Mutter können dem Fötus schaden. Manche Faktoren wirken sich auf den Samen aus. Alkohol etwa schädigt die Qualität der Spermien, was zu Babys mit niedrigem Geburtsgewicht führen kann.

Heute wird Thalidomid manchmal mit größter Vorsicht zur Behandlung von Leprageschwüren eingesetzt.

Teratogene und ihre Auswirkungen

Keimstadium
embryonale Phase
fetale Phase

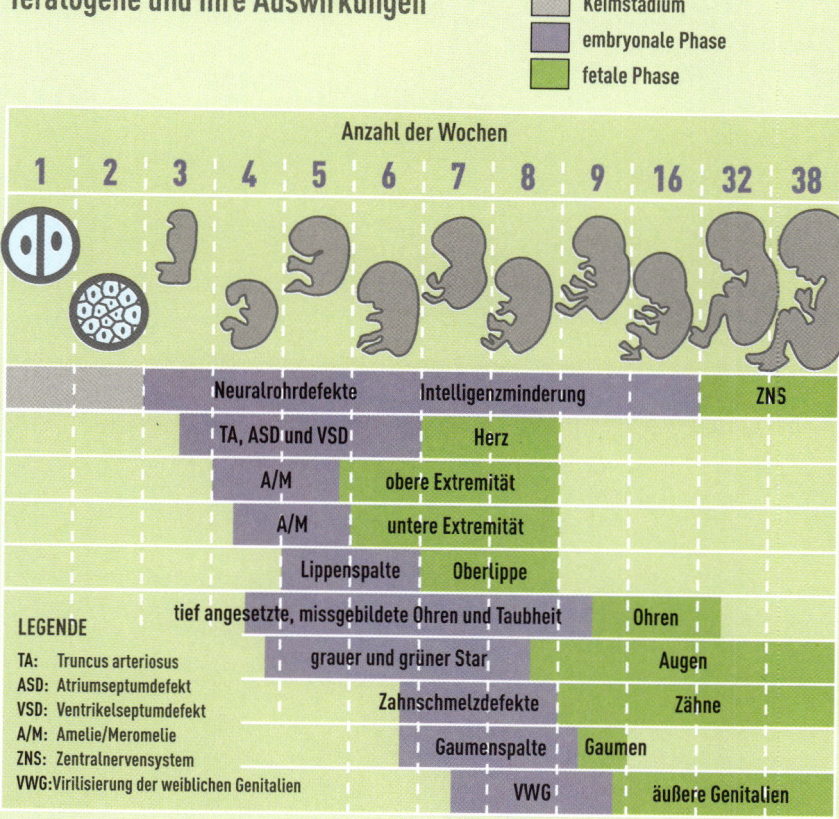

Anzahl der Wochen

| 1 | 2 | 3 | 4 | 5 | 6 | 7 | 8 | 9 | 16 | 32 | 38 |

Neuralrohrdefekte — Intelligenzminderung — ZNS

TA, ASD und VSD — Herz

A/M — obere Extremität

A/M — untere Extremität

Lippenspalte — Oberlippe

tief angesetzte, missgebildete Ohren und Taubheit — Ohren

grauer und grüner Star — Augen

Zahnschmelzdefekte — Zähne

Gaumenspalte — Gaumen

VWG — äußere Genitalien

LEGENDE

TA: Truncus arteriosus
ASD: Atriumseptumdefekt
VSD: Ventrikelseptumdefekt
A/M: Amelie/Meromelie
ZNS: Zentralnervensystem
VWG: Virilisierung der weiblichen Genitalien

Die Tabelle zeigt die embryonale und fetale Entwicklung von der Zeugung bis zur Geburt sowie die Auswirkungen von Teratogenen während verschiedener Wachstumsstadien.

3.2 Neuronale Plastizität

Das sich entwickelnde Gehirn verändert sich rasch, während es Informationen aus der Außenwelt verarbeitet, und es verändert sich sein ganzes Leben lang.

Das sich entwickelnde Gehirn weist eine bemerkenswerte **Plastizität** auf. Das ist die Fähigkeit seiner Nervenbahnen, sich durch Erfahrung umzustrukturieren. Das geschieht etwa, wenn ein Kleinkind Sinnesreize verarbeitet, um sich in der Welt zu orientieren, oder auch als adaptiver Prozess nach einem Schädel-Hirn-Trauma. Die Restrukturierung kann in eine von zwei Kategorien fallen:

- **Erfahrungserwartende Plastizität:** Das Gehirn ist durch Millionen Jahre der Evolution vorkonfiguriert, um auf Erfahrungen zu reagieren, die es weiter formen werden.

- **Erfahrungsabhängige Plastizität:** Sie entsteht bei spezifischen Lernerfahrungen, etwa beim Klavierspielen oder bei Computerspielen.

Frühe Entwicklungspsychologen glaubten, dass sich die neuronalen Netze mit der Zeit festigten, aber neuerer Forschung zufolge hört das Gehirn nie auf, sich zu verändern. Das ist die Grundlage des Lernens, bei dem durch Erfahrung stärkere Assoziationen geknüpft werden (siehe Thema 2.5).

Bei bleibenden Gehirnschäden ermöglicht es die Plastizität manchmal einer anderen Hirnregion, die Funktion des verletzten Bereichs zu übernehmen. Das zeigt sich an den Erfahrungen von Patienten mit Hirnverletzungen. Gelegentlich wird eine Hemisphärektomie durchgeführt, wobei eine Gehirnhälfte entfernt wird, etwa bei schwerster Epilepsie.

Eine Hemisphärektomie wird meist bei kleinen Kindern durchgeführt, sodass die Plastizität des Gehirns kognitive Schäden mindert.

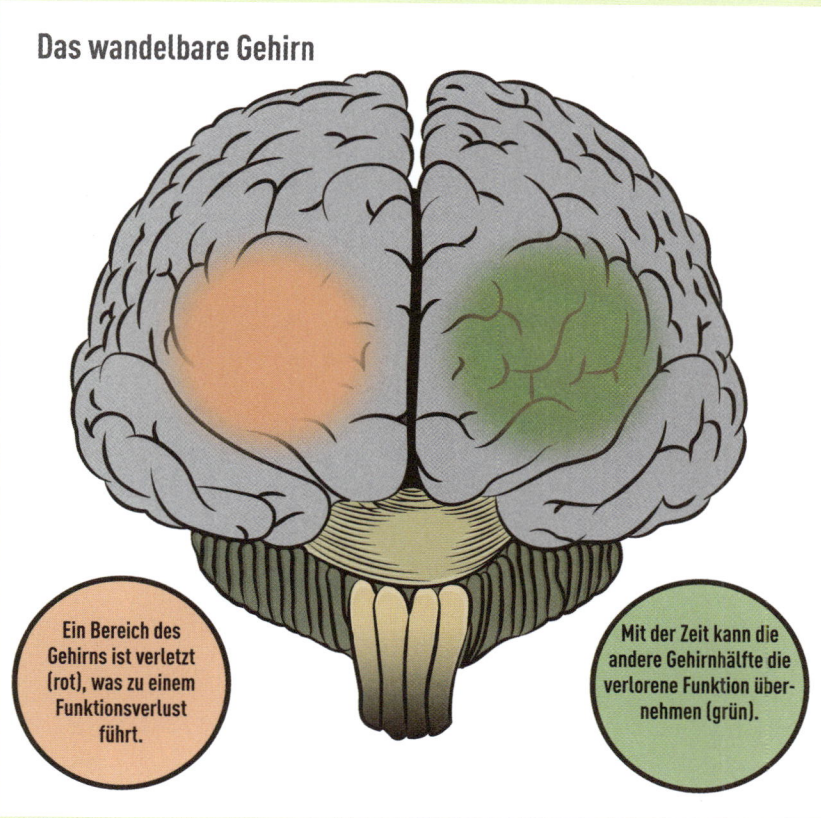

Das wandelbare Gehirn

Ein Bereich des Gehirns ist verletzt (rot), was zu einem Funktionsverlust führt.

Mit der Zeit kann die andere Gehirnhälfte die verlorene Funktion übernehmen (grün).

Eine Illustration der Gehirnplastizität. Dabei verändert sich ein Bereich des Gehirns, um die Funktion eines beschädigten Gehirnbereichs zu übernehmen. Das geschieht nicht immer symmetrisch.

3.3 Die Struktur des Geistes

Der Geist ist eine komplizierte Entität. Bis jetzt kann man zu seiner Struktur nur spekulieren.

Unter kognitiven Entwicklungspsychologen wird die Struktur des Geistes, wie wir denken und lernen, heiß diskutiert. Dabei gibt es zwei unterschiedliche Lager: die **Domänengeneralität** und die **Domänenspezifität**.

Befürworter der Domänengeneralität sagen, dass das Gehirn eines Kleinkinds Prozesse und Ressourcen entwickelt, die kontextunabhängig angewandt werden können, bereit für die prägende Erfahrung. Diese Theorie besagt, dass allen Prozessen alle Denkmechanismen zur Verfügung stehen.

Im Gegensatz dazu besagt die Domänenspezifität, dass wir angeborene neurale Strukturen haben, die sich für spezifische Funktionen entwickelt haben. Das heißt, mathematische Denkmechanismen stehen nur zur Informationsverarbeitung in einer mathematischen Domäne zur Verfügung, und so ist es auch in anderen Domänen. Manche Forscher halten diese Debatte für sinnlos, da wir nicht mit Bestimmtheit wissen können, ob separate Domänen existieren oder nicht.

Fodors Theorie der **Modularität** des Geistes (1983) geht von einer Domänenspezifität des Geistes aus. Eine domänenspezifische Theorie bedeutet jedoch nicht automatisch, dass der Geist modular ist (siehe Thema 2.1). Diese Theorien zur Struktur des Geistes existieren unabhängig von unserem Verständnis der Struktur des Gehirns (siehe Thema 2.2).

Theorien über die Struktur des Geistes sind für die Entwicklung künstlicher Intelligenz von Bedeutung.

Domänengeneralität

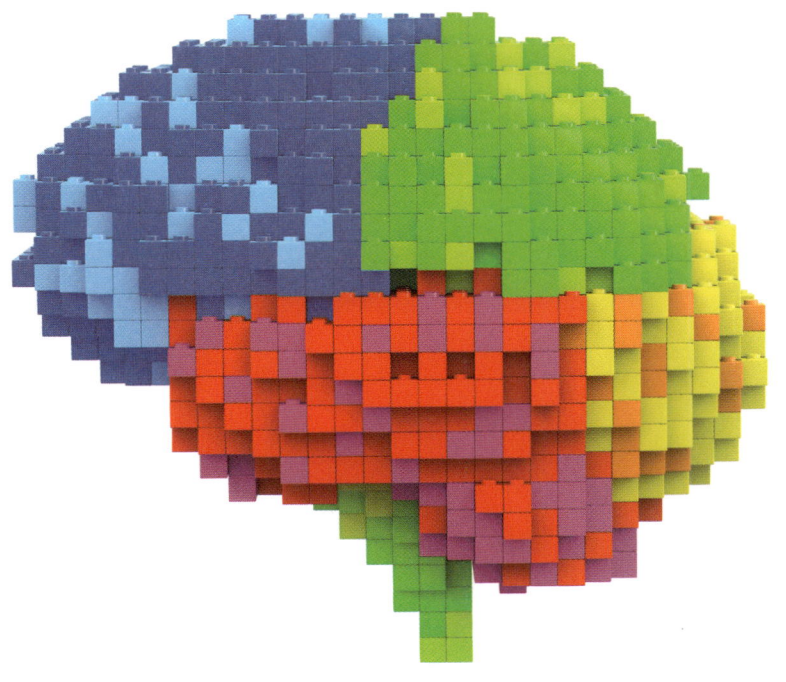

Befürworter der Domänengeneralität vergleichen den Geist mit einem Baukasten: Unsere Erfahrungen bestimmen, wie die Bauklötze zusammengesetzt werden.

3.4 Kontinuität und Diskontinuität

Niemand weiß genau, wie Entwicklung geschieht. Forscher sind sich jedoch einig, dass dabei ein längerdauernder Prozess involviert ist.

In Bezug auf die Entwicklung gibt es zwei grundlegende Denkrichtungen. Die **Kontinuität** vermutet eine allmähliche Entwicklung ohne erkennbare Stufen, während die **Diskontinuität** eine Entwicklung in messbaren Stufen impliziert.

Ein Pionier der Diskontinuität war Jean Piaget (1896–1980). Er vermutete, dass kognitive Entwicklung in mehreren Stufen geschah. Jede Stufe musste der Reihe nach durchlaufen werden und keine kann ausgelassen werden.

- **Sensomotorische Stufe** (Geburt bis 2 Jahre): Mithilfe der motorischen Fähigkeiten interagiert man mit der Umwelt.

- **Präoperationale Stufe** (2–7 Jahre): Das Denken wird vor allem durch die Wahrnehmung gesteuert.

- **Stufe der konkreten Operationen** (7–12 Jahre): Das logische Denken beginnt, erstreckt sich aber nur auf konkrete Objekte.

- **Stufe der formalen Operationen** (ab 12 Jahren): Auf dieser Stufe kann abstraktes Denken beobachtet werden.

Der Philosoph Jean-Jacques Rousseau (1712–1778) sah die menschliche Entwicklung in verschiedenen Stufen.

Die Verfechter einer kontinuierlichen Entwicklung sagen, dass sich Kinder allmählich mit der Zeit verändern und nicht in abrupten Stufen. Zum Beispiel wird das logische Denken in manchen Bereichen früher gemeistert als in anderen. Ein Kind kann etwa die Erhaltung von Flüssigkeiten verstehen (gleichbleibendes Volumen, unabhängig vom Behälter), aber das Konzept nicht auf Modelliermasse übertragen.

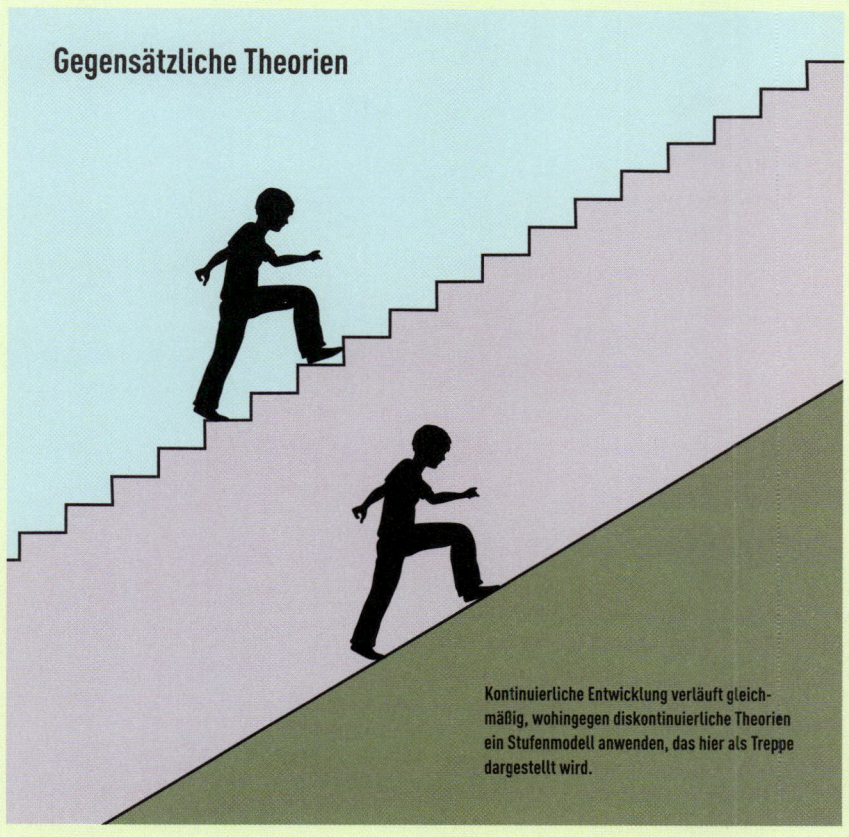

Gegensätzliche Theorien

Kontinuierliche Entwicklung verläuft gleichmäßig, wohingegen diskontinuierliche Theorien ein Stufenmodell anwenden, das hier als Treppe dargestellt wird.

Entwicklungsverläufe der Kontinuitäts- und der Diskontinuitätstheorie. Wir beginnen mit etwas ohne Kenntnisse und beherrschen am Ende eine Fähigkeit. Aber wie gelangen wir dorthin?

3.5 Tests für Kleinkinder

Kleinkinder können uns nicht mitteilen, was sie denken. Wie können wir also die Psychologie von Kindern erforschen?

Es gibt zwei Testmethoden, die uns Aufschluss über die sensorische und kognitive Entwicklung von Kleinkindern geben: **Habituation** und **Präferenz**.

■ Bei der Habituation wird das Kind wiederholt einem Reiz ausgesetzt, bis es das Interesse verliert. Danach setzt man es einem anderen Reiz aus. Wird der neue Reiz vom Kind als anders empfunden, zeigt es Interesse. Wird der neue Reiz als gleich empfunden, ignoriert das Kind ihn. Experimente zur Habituation testen eine Reihe von Funktionen (Hören, Sehen usw.). Damit konnte man zeigen, dass selbst drei Tage alte Babys zwischen kleinen Sets (zwei oder drei Objekte) unterscheiden konnten. Oder dass sich drei Monate alte Babys von scheinbar unmöglichen physikalischen Ereignissen überrascht zeigen und sich offenbar einiger physikalischer Grundregeln bewusst sind.

■ Die Präferenz zeigt uns, dass Kleinkinder schon bevor sie sprechen können Informationen durch verschiedene interaktive Funktionen verarbeiten – etwa jene für Sprache, Wahrnehmung und Gedächtnis. Beispielsweise sitzt ein Kind auf dem Schoß der Betreuungsperson und betrachtet zwei Bildschirme mit unterschiedlichen Bildern. Vom Tonband kommt der Satz: „Wo ist der Hund?". Ein Bildschirm zeigt einen Hund und der andere ein Baby. Das Kind blickt normalerweise zu jenem Bildschirm, der den genannten Begriff zeigt – in diesem Fall einen Hund.

Vier Monate alte japanische Babys können zwischen den Lauten von „R" und „L" unterscheiden, die in ihrer Muttersprache nicht vorkommen.

Präferenz

COMPUTER

„Wo ist der Baum?"

BILDSCHIRM 1

BILDSCHIRM 2

Ein Baby, dem man zwei Bilder zeigt, wendet sich jenem Bild zu, das den gehörten Begriff zeigt.

3.6 Messen der Intelligenz

Es gibt Methoden, mit denen man überprüfen kann, ob eine normale geistige Entwicklung stattfindet.

Bei Intelligenztests denkt man oft an Logikaufgaben. Aber auch viele Studien über Babys und Kleinkinder sprechen von Intelligenz, nur wie misst man die Intelligenz von Kindern, die noch nicht sprechen, geschweige denn komplexe Denkaufgaben lösen können?

Es gibt mehrere Tests für die kognitiven Funktionen von Kleinkindern und Babys. Hier sind einige davon:

- Die Mullen-Skalen des frühen Lernens testen motorische, visuelle und sprachliche Fähigkeiten (0–5 Jahre).

- Die Bayley-Skala der Kleinkindentwicklung testet Verhalten, Motorik und mentale Fähigkeiten (1 Monat bis 3,5 Jahre).

Diese Tests werden hauptsächlich zu Forschungszwecken und in der klinischen Diagnostik zur Untersuchung möglicher Entwicklungsverzögerungen durchgeführt.

Wenn ein Kleinkind die Meilensteine der Entwicklung nicht wie erwartet erreicht, können diese Tests mögliche Hinweise auf eine Entwicklungsstörung geben oder bestätigen, dass sich die Verzögerung um eine normale individuelle Abweichung der Entwicklung handelt (siehe Thema 8.1). Diese Art der Forschung hat gezeigt, wie die visuelle Wahrnehmung und Gedächtnisleistung später die Entwicklung der Intelligenz prognostizieren können.

Der erste Intelligenztest war der Binet-Simon-Test aus dem Jahr 1905.

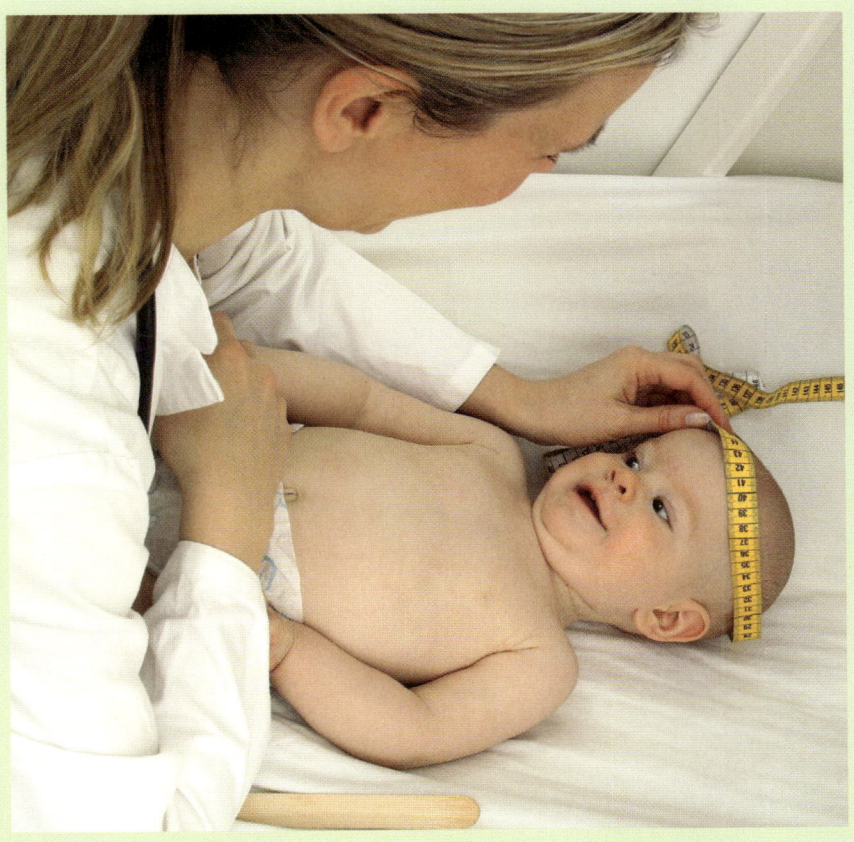

Neuere Forschung der Universität von Adelaide zeigt, dass Gewichtszunahme und ein vergrößerter Kopfumfang im ersten Lebensmonat eines Babys mit einem höheren IQ in den ersten Schuljahren in Zusammenhang stehen.

3.7 Selbsterkenntnis

Bereits ein 12 Stunden alter Säugling erkennt seine Mutter. Aber wann erkennt ein Kind sein eigenes Gesicht?

Ein wichtiger Meilenstein der sozialen Entwicklung ist die Selbsterkenntnis. Ein Neugeborenes erkennt sich noch nicht, die Fähigkeit entwickelt sich erst im Alter von etwa 2 Jahren.

Der Rouge-Test prüft, ob ein Kind sein Gesicht in einem Spiegel erkennt: Wenn es einen Fleck Rouge am Gesicht im Spiegel sieht, versucht es diesen an sich abzuwischen. Das Rouge wird meist heimlich von einer Betreuungsperson auf das Gesicht des Kindes aufgetragen. Wenn das Kind den Fleck nicht abzuwischen versucht, geht man davon aus, dass es das Gesicht im Spiegel nicht als das seine erkennt.

In einer Studie zur Selbsterkenntnis zeigte man Kindern Videos, in denen sie spielten und jemand heimlich eine Markierung an ihnen anbrachte. Die Studie ergab, dass Kinder im Alter von 4–5 Jahren ungefähr drei Minuten nach Ansehen des Videos nach der Markierung tasteten. Eine Woche später wurden dieselben Kinder bei einem anderen Spiel gefilmt, wieder mit einem Aufkleber. Dieses Mal versuchten nach dem Video nur ganz wenige Kinder, die Markierung zu entfernen. Daraus kann man schließen, dass sich die meisten Kinder im Alter von 4 Jahren selbst erkennen und mithilfe von kontextuellen Informationen den gegenwärtigen Zustand mit einem vergangenen Zustand vergleichen können. Das gilt als Beginn der Entstehung des autobiografischen Selbst.

Selbsterkenntnis wurde auch bei Tieren beobachtet, z. B. bei Primaten, Elefanten, Delfinen und Elstern, aber nicht bei Gorillas, Gibbons, Pandas oder Graupapageien.

Der Rouge-Test

Wenn sich das Baby in diesem Experiment im Spiegel erkennt,
greift es nach seinem Gesicht, um den Fleck zu entfernen.

3.8 Theory of Mind

Wie bewusst sind sich Kleinkinder der Gedanken anderer Menschen?

Soziale Kognition bezeichnet einen Bereich der Psychologie, der das soziale Verhalten durch die Erforschung der zugrundeliegenden kognitiven Prozesse zu verstehen sucht. Ein fundamentaler Teil davon ist das Verständnis für die Gedanken und Überzeugungen anderer Menschen. Der Begriff „Theory of Mind" beschreibt diese Fähigkeit, die ein bedeutender Meilenstein in der Entwicklung eines Kindes ist.

Oft wird sie mit einem False-Belief-Test beurteilt. Einem Kind wird ein Szenario gezeigt, bei dem es weiß, dass etwas falsch ist, während eine andere Person von dessen Wahrheit überzeugt ist. Ein klassisches Beispiel ist die Sally-Anne-Aufgabe:

• Das Kind beobachtet, wie Sally und Anne gemeinsam eine Murmel in einen Korb legen.

• Sally verlässt die Szene und Anne legt die Murmel an einen anderen Ort.

• Frage ans Kind: „Wo wird Sally nach der Murmel suchen?"

Der Begriff „Theory of Mind" wurde erstmals in einem Forschungsartikel über Schimpansen verwendet und erst später für die soziale Kognition des Menschen.

• Wenn das Kind bereits eine Theory of Mind entwickelt hat, wird es sagen: „im Korb". Es weiß, dass die Murmel nicht mehr dort ist, aber es weiß auch, dass Sally das nicht mitbekommen hat und im Korb danach suchen wird.

Kinder bestehen den False-Belief-Test für gewöhnlich im Alter von etwa vier Jahren. Autistische Kinder tun sich damit aber selbst dann noch schwer, wenn sie bedeutend älter sind.

Die Sally-Anne-Aufgabe

Das ist Sally.

Das ist Anne.

Sally hat einen Korb.

Anne hat eine Kiste.

Sally hat eine Murmel. Sie legt die Murmel in ihren Korb.

Sally geht spazieren.

Anne nimmt die Murmel aus dem Korb und legt sie in die Kiste.

Sally kehrt zurück. Sie möchte mit ihrer Murmel spielen.

Wo wird Sally nach der Murmel suchen?

Die Sally-Anne-Aufgabe ist ein klassisches Beispiel für einen False-Belief-Test. Die Fähigkeit, die Gedanken anderer zu verstehen, ist für die soziale Interaktion von großer Bedeutung.

3.9 Freundschaften knüpfen

Von Geburt an bis nach der Pubertät werden die Freundschaften eines Kindes von vielen Kriterien beeinflusst, die sich mit der Entwicklung des Kindes verändern.

Kleine Kinder haben Gelegenheitsfreunde, meist die Kinder der Freunde ihrer Eltern. Sobald sich das Kind in einem größeren sozialen Umfeld bewegt, etwa in einer Spielgruppe oder in der Schule, hat es mehr Gelegenheiten, unter Gleichaltrigen Freunde zu finden, und mehr Einfluss darauf.

Im Alter von ungefähr 7–8 Jahren werden Freundschaften aus praktischen Gründen geknüpft – mit Kindern, die in der Nähe wohnen oder die besten Spielsachen haben. Ab etwa 10 Jahren entwickeln sich Freundschaften auf Basis von Gemeinsamkeiten – z. B. wenn Kinder dieselben Spiele mögen. Im Alter von etwa 13 Jahren ist der wichtigste Faktor in einer Freundschaft ein gegenseitiges Verständnis füreinander.

Zur Interaktion zwischen Gleichaltrigen gehört das Sprechen oder Spielen miteinander. Das Spielen mit Freunden ist selbst bei kleinen Kindern komplexer als das Spielen mit Nicht-Freunden. Wenn es Konflikte gibt, versuchen Freunde eher, diese zu lösen, während Nicht-Freunde einander aus dem Weg gehen.

Jene Faktoren, die zum sozialen Ruf eines Kindes in einer Gruppe Gleichaltriger beitragen, bezeichnet man als salient.

Bei kleinen Kindern geht es im Streit meist um ein Spielzeug oder um Spielregeln und der Streit wird körperlich ausgetragen. Im mittleren Kindesalter (um 12 Jahre) wirft man sich stattdessen eher Beleidigungen an den Kopf. In diesem Alter achten viele Kinder darauf, was andere Kinder tun und entscheiden aufgrund dessen, wer Freund und wer Feind ist.

Freundschaften von Geburt an

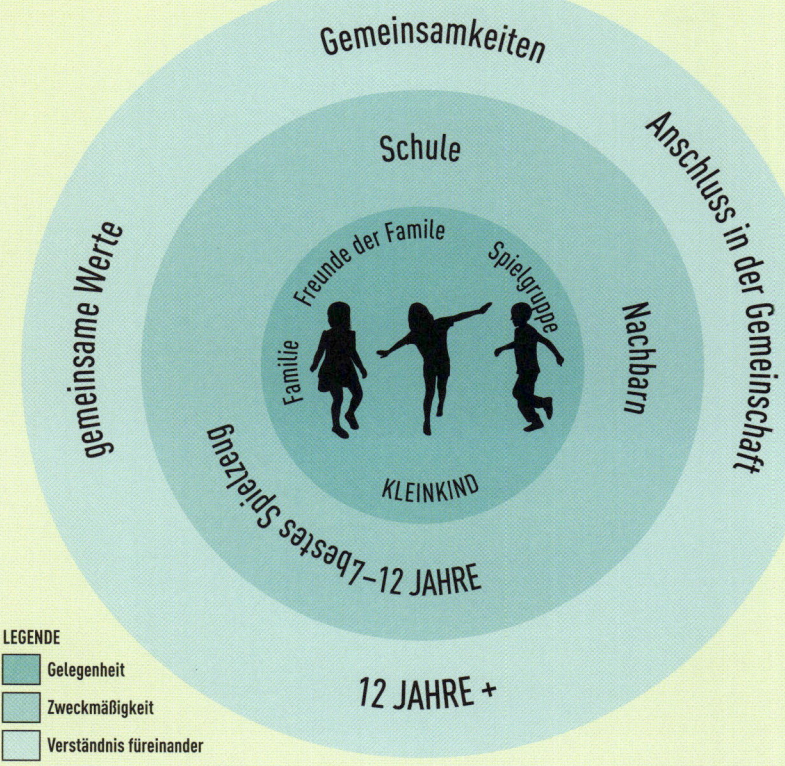

LEGENDE

- Gelegenheit
- Zweckmäßigkeit
- Verständnis füreinander

Kleine Kinder schließen von Geburt an Freundschaften. Das Wesen dieser Freundschaften – die Art der Freunde und gemeinsamen Aktivitäten – verändern sich mit dem
Älterwerden des Kindes.

3.10 Älter werden

Das Altern trifft uns alle und bringt viele biologische Veränderungen mit sich. Welche Auswirkungen haben sie auf unser Gehirn?

Die Veränderungen des Alters sind anders als die der Kindheit. Studien ergaben, dass Defizite der sensomotorisch-perzeptiven Fähigkeiten (Hören, Sehen, Mobilität) die soziale Interaktion und das psychische Wohlbefinden beeinflussen.

Einige kognitive Funktionen ändern sich leichter als andere. Die Aufmerksamkeit kann mit dem Alter nachlassen, besonders die selektive Aufmerksamkeit. Es wird schwieriger, sich auf eine bestimmte Sache zu konzentrieren, wenn mehrere Reize vorhanden sind. Auch die Fähigkeit, Aufmerksamkeit zu teilen, lässt nach, wodurch man sich nicht mehr so gut mehreren Dingen gleichzeitig widmen kann.

Es gibt fluide und kristalline Intelligenz. Zu ersterer gehört die Fähigkeit, logisch zu denken. Zweitere ist das Ergebnis aus Erfahrung und erworbenem Wissen. Mit dem Alter steigt unsere kristalline Intelligenz, da wir an Erfahrung gewinnen. Die fluide Intelligenz sinkt jedoch mit dem Alter. Das erschwert das Denken in ungewohnten Situationen und lässt ältere Menschen verwirrt erscheinen, obwohl sie nur mehr Zeit bräuchten, um Informationen zu verarbeiten.

Ein Schachspieler wies zu Lebzeiten keine Anzeichen für Demenz auf. Erst nach seinem Tod stellte man Alzheimer im Spätstadium fest. Vielleicht lässt sich der geistige Verfall also doch verhindern.

Es gibt noch andere Gründe, warum sich ältere Menschen mit bestimmten Aufgaben schwertun. Veränderungen im Gehirn können zu Demenz führen, was den Verfall aller geistigen Fähigkeiten mit sich bringt, oft aber mit Vergesslichkeit beginnt (siehe Thema 9.5).

Lebensphasen

1: Baby – lernt krabbeln
2: Kleinkind – beginnt zu sprechen
3: Schulkind – entwickelt soziale Fähigkeiten
4: junger Erwachsener – wird unabhängig
5: Elternschaft – trägt Verantwortung für die Familie
6: mittleres Alter – der Stress der Lebensmitte
7: höheres Alter – die Sinne lassen nach
8: hohes Alter – degenerative Erkrankungen

Unsere Entwicklung beginnt vor der Geburt und setzt sich bis zum Tod fort. Mit jedem Meilenstein lernen wir neue Fertigkeiten oder müssen uns mit altersbedingten Erkrankungen auseinandersetzen.

SOZIALVERHALTEN

Viele Psychologen sagen, dass jede Art der Psychologie Sozialpsychologie ist und kaum ein Teil unseres Lebens unabhängig von anderen Menschen ist. Dieses Kapitel beschreibt, wie unser Denken, Fühlen und Verhalten – direkt oder indirekt – von den sozialen Wesen und Strukturen um uns herum beeinflusst wird.

Auf den folgenden Seiten untersuchen wir einige Teildisziplinen der Sozialpsychologie. Einige davon, etwa die Bildung von Einstellungen und Stereotypen, betreffen die Art und Weise, wie wir über Objekte und Personen denken. Wie entstehen diese Gedanken und wie kann man sie verändern? Wir erforschen auch unser Bedürfnis, rationale Erklärungen für die Taten und Aussagen anderer zu finden – denn nur dann können wir die Welt um uns herum verstehen.

Darüber hinaus betrachten wir den Einfluss anderer Menschen auf unser Verhalten. Dabei versuchen wir zu verstehen, warum wir anderen Menschen manchmal

helfen und manchmal nicht. Das führt uns in die Bereiche der Konformität und des Gehorsams – Situationen, in denen man sich oft auf eine völlig unerwartete Weise verhält.

Wir betrachten Möglichkeiten, wie andere unsere Produktivität und Leistung verbessern oder verringern können – dabei geht es um die verwandten Phänomene der sozialen Erleichterung und des sozialen Faulenzens. Abschließend werfen wir einen Blick auf die soziale Identität, der zeigt, wie eng wir mit unserer Zugehörigkeit zu sozialen Gruppen verknüpft sind.

Alle diese Bereiche haben eines gemeinsam: das Konzept des sozialen Einflusses – die Idee, dass unser Denken, Fühlen und Verhalten in einem gewissen Sinn meist vom Verhalten anderer beeinflusst wird.

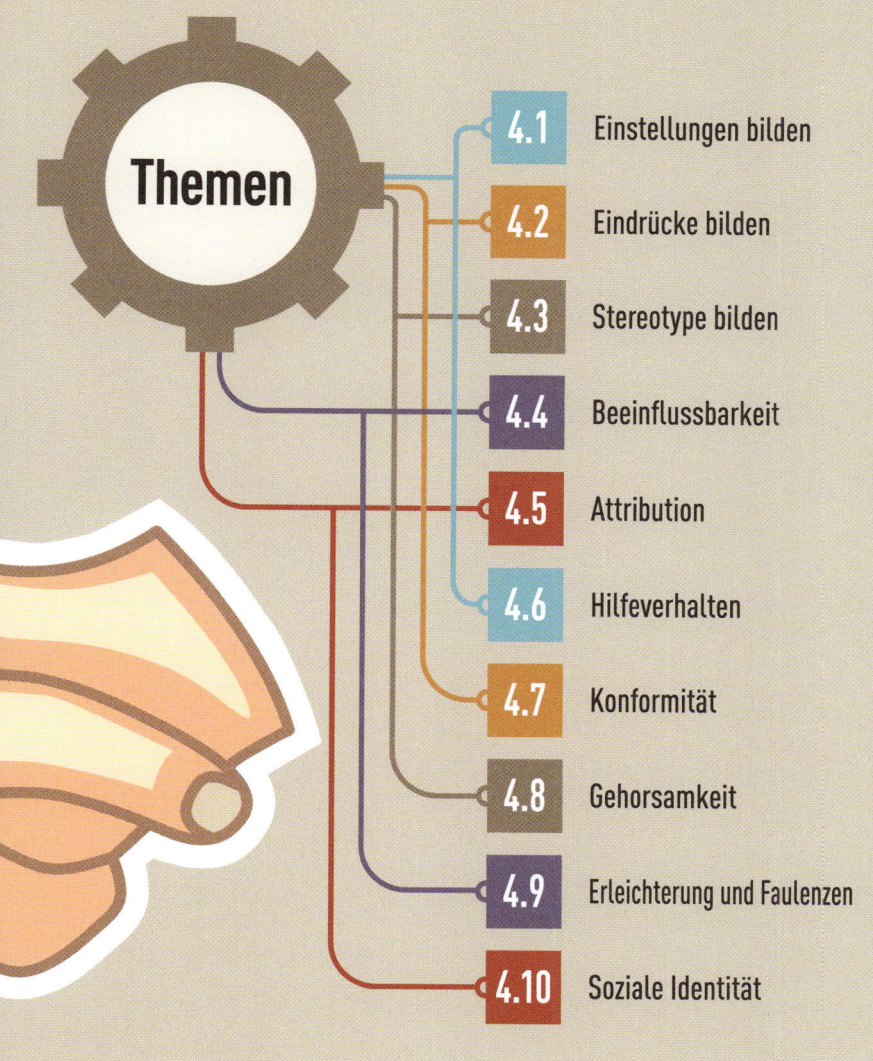

Themen

4.1	Einstellungen bilden
4.2	Eindrücke bilden
4.3	Stereotype bilden
4.4	Beeinflussbarkeit
4.5	Attribution
4.6	Hilfeverhalten
4.7	Konformität
4.8	Gehorsamkeit
4.9	Erleichterung und Faulenzen
4.10	Soziale Identität

4.1 Einstellungen bilden

Wir urteilen ständig über Objekte, Ideen und Wesen in unserem sozialen Umfeld. Aber wie entstehen diese Urteile?

Der Psychologe Daniel Katz (1903–1998) war der Ansicht, dass wir beim Bilden von Einstellungen einige Merkmale aufwiesen, unter anderem:

- das Bedürfnis, die Welt zu verstehen

- ein Bedürfnis, belohnt und nicht bestraft zu werden (indem man sozial akzeptierte Meinungen vertritt)

- ein Verlagen, starke Überzeugungen auszudrücken

- ein Bedürfnis, uns selbst vor psychischen Bedrohungen zu schützen (durch eine positive Einstellung uns selbst gegenüber)

Zum Bilden einer Einstellung kann einer oder mehrere dieser Faktoren beitragen. Je komplexer die Einstellung ist, desto extremer kann sie werden.

Studien zeigen, dass es implizite und explizite Einstellungen gibt – das heißt, wir können sie auch unbewusst bilden (siehe Thema 6.5). Diese entstehen schnell und ändern sich nur langsam. Sie beeinflussen spontanes Verhalten.

Explizite Einstellungen werden auch durch Beweise und Reflexion beeinflusst. Sie entstehen durch mehr Input, können sich aber schnell ändern. Oft sind sie von sozialen Normen und geplantem Verhalten beeinflusst. Es scheint, als suchten wir ein Gleichgewicht in unseren Einstellungen.

Manche Einstellungen, etwa allgemeiner politischer Konservativismus, haben vielleicht eine genetische Basis.

Balancetheorie

Wenn man eine Person mag, aber das Objekt nicht, die Person aber das Objekt mag, ist das Dreieck unbalanciert.

DU

+   −

ANDERE PERSON   +   **EINSTELLUNGS-OBJEKT**

UNBALANCIERTES DREIECK

Verändert man den Wert einer der Verbindungen, kann die Balance hergestellt werden.

DU

+   +

ANDERE PERSON   +   **EINSTELLUNGS-OBJEKT**

BALANCIERTES DREIECK

Die Balancetheorie von Fritz Heider (1958) zeigt, dass wir ein Gleichgewicht zwischen unserer Einstellung zu einer Person, einem Objekt und der Einstellung der Person zum Objekt suchen.

4.2 Eindrücke bilden

In nur 30 bis 60 Sekunden bilden wir Urteile über die Menschen, denen wir begegnen.

Wir beurteilen ständig die Persönlichkeit anderer Menschen, aber wie bilden wir Eindrücke und wie treffend sind sie?

Wissenschaftler wie Solomon Asch vermuten, dass sich unsere Entscheidungen in Bezug auf andere um bestimmte grundlegende Eigenschaften drehen (1946). Wie wir diese Eigenschaften deuten, beeinflusst die Deutung anderer Attribute. Betrachten wir jemanden etwa als warmherzige oder kalte Person, kann das darüber entscheiden, ob wir diese Person als sympathisch oder zuverlässig wahrnehmen usw. Diese Deutungen geschehen automatisch.

Andere Modelle der Eindrucksbildung, etwa Norman Andersons kognitive Algebra (1962), besagen, dass wir aus unserer Deutung von positiven und negativen Eigenschaften ein Gesamturteil bilden (siehe gegenüber). Dabei gewichten wir negative Eigenschaften stärker als positive.

Vor allem der erste Eindruck beeinflusst unsere Urteile, die später nur noch schwer zu verändern sind. Dana Carney und Kollegen behaupten, dass wir manche Eigenschaften ziemlich gut rasch deuten können, unter anderem Extraversion, Intelligenz und Gewissenhaftigkeit (2007).

Zusammen mit dem Erscheinungsbild, der Mimik und anderen Informationen bilden wir Eindrücke auch auf Basis der Attribution des Verhalten anderer und unserer Stereotype zu deren Gruppenzugehörigkeit(en) (siehe Thema 4.5).

Beim Bilden von Eindrücken gewichten wir negative Eigenschaften generell viel stärker als positive.

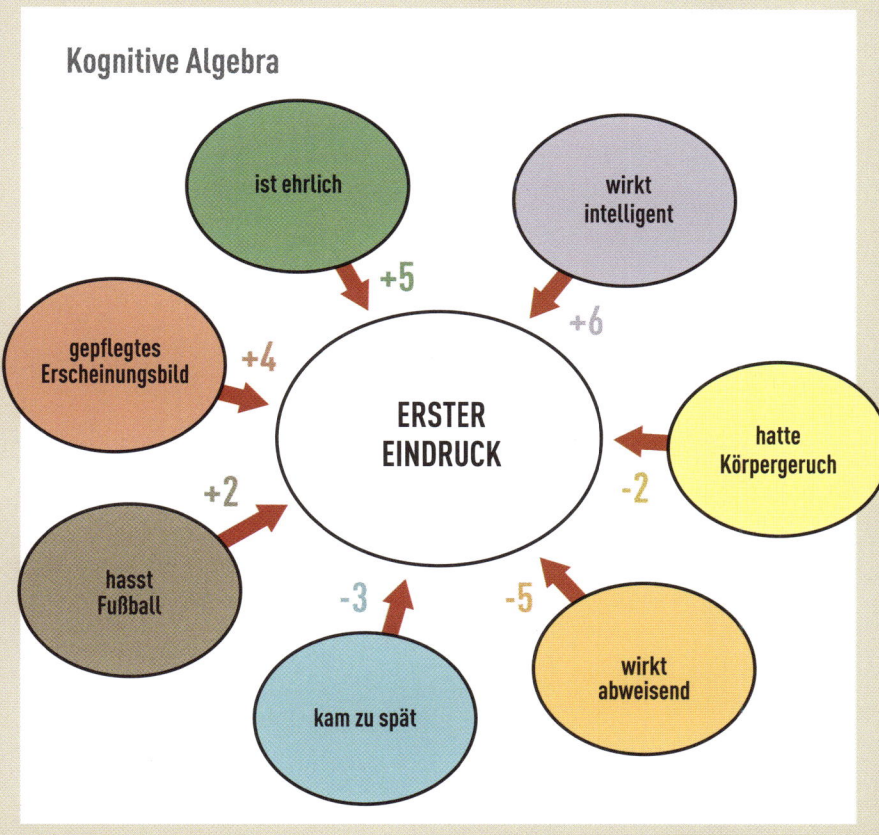

Kognitive Algebra

Modelle wie das obige zeigen die Bildung von Urteilen aufgrund positiver und negativer Faktoren, von denen jeder unterschiedlich zum Gesamturteil beiträgt. In diesem Beispiel erhält die Person +7 – ein guter erster Eindruck.

4.3 Stereotype bilden

Wenn wir Menschen als Typen kategorisieren, statt sie als Individuen zu betrachten, hilft uns das, die Welt besser zu verstehen. Es hat aber einen Nachteil.

Beim Bilden von Stereotypen beurteilen wir andere meist auf der Grundlage ihrer Zugehörigkeit zu einer bestimmten Gruppe und ignorieren oder minimieren persönliche Unterschiede. Das Stereotypen-Inhalts-Modell (2002) besagt, dass Stereotypen Urteile beinhalten, die darauf basieren, wie viel Wärme oder Kompetenz wir an einer Person oder einer Gruppe wahrnehmen. Unterschiedliche Kombinationen ergeben unterschiedliche Reaktionen:

■ Gruppen mit einem hohen Wärmefaktor – z. B. Mütter – rufen aktives Verhalten und herablassende Gefühle hervor.

■ Gruppen mit geringer Wärme und hoher Kompetenz (Nationalitäten, die als kompetent, aber überheblich empfunden werden) verursachen Eifersucht und Feindseligkeiten.

■ Gruppen mit niedriger Kompetenz und niedriger Wärme (z. B. Obdachlose) werden gemieden und rufen Mitleid oder Abscheu hervor.

■ Gruppen mit starker Wärme und hoher Kompetenz rufen förderndes Verhalten und Bewunderung hervor.

Wir bilden Stereotype oft unterbewusst und suchen nach Beweisen für Stereotypen, während wir Beweise gegen sie ignorieren. Daher sind Stereotype nur schwer zu ändern. Eher kreieren wir eine neue Untergruppe eines Stereotyps, statt den Stereotyp der ganzen Gruppe zu ändern.

Stereotype beeinflussen unser Verhalten anderen gegenüber, was wiederum das Verhalten der anderen beeinflusst.

Geschlechterstereotype

George und Cindy unterhalten sich auf einer Party. Sie sind beide gleich groß. Am nächsten Tag denkt George, dass Cindy kleiner war als er. Das geschieht aufgrund der Zuordnung von Geschlechterstereotypen.

Die Forschung zeigt, das Menschen die Größe anderer aufgrund von Geschlechterstereotypen oft falsch einschätzen. Die Auswirkungen von Stereotypen auf grundlegende kognitive Prozesse trägt zu deren Hartnäckigkeit bei.

4.4 Beeinflussbarkeit

Können Sie überzeugen? Erfolg hängt von der Stimmung Ihrer Zielgruppe genauso ab wie von der Überzeugungskraft Ihrer Botschaft.

Die Persuasion ist in der Psychologie ein umfassendes Thema. In diesem Buch besprechen wir drei Modelle: Den Yale-Ansatz, das heuristisch systematische Modell (HSM) und das Elaboration-Likelihood-Modell (ELM).

■ **Der Yale-Ansatz** hält die Quelle einer Botschaft, die Botschaft selbst und ihren Empfänger für wichtige Faktoren. Um zu überzeugen, sollte die Quelle attraktiv, sympathisch, glaubwürdig und ähnlich wie der Empfänger sein. Kurze, starke Aussagen sind überzeugender als lange, schwache. Sie sollten konsistent sein und oft wiederholt werden.

■ **Das HSM** besagt, dass wir Botschaften auf eine von zwei Arten verarbeiten. Entweder systematisch, wobei man sich auf die Substanz eines Arguments, dessen Logik und Richtigkeit, konzentriert, oder peripher, also auf **Heuristiken** gestützt – was ist die Quelle der Botschaft, wie lang ist sie?

■ **Das ELM** besagt, dass ein motivierter, fähiger und aufmerksamer Rezipient Botschaften tiefer verarbeitet (zentrale Verarbeitung), als eine unmotivierte, abgelenkte Person (periphere Verarbeitung).

Während die systematische und zentrale Verarbeitung einen größeren Aufwand erfordert, um eine Einstellung zu ändern, ist diese Änderung jedoch stabiler und langfristiger.

Es gibt Hinweise darauf, dass Frauen und junge Erwachsene leichter beeinflussbar sind als Männer oder ältere Menschen.

Elaboration-Likelihood-Modell

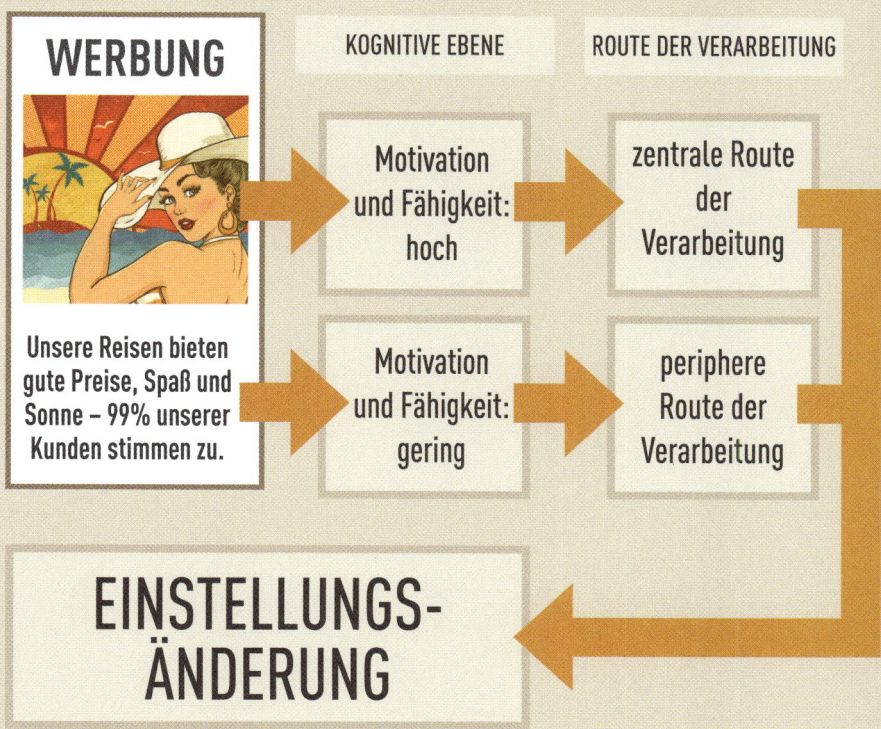

WERBUNG

Unsere Reisen bieten gute Preise, Spaß und Sonne – 99% unserer Kunden stimmen zu.

KOGNITIVE EBENE

ROUTE DER VERARBEITUNG

Motivation und Fähigkeit: hoch

zentrale Route der Verarbeitung

Motivation und Fähigkeit: gering

periphere Route der Verarbeitung

EINSTELLUNGS-ÄNDERUNG

Das ELM besagt, dass wir Werbung über eine zentrale oder eine periphere Route verarbeiten können. Jede Route wird von unterschiedlichen Faktoren beeinflusst und führt zu unterschiedlichen Änderungen.

4.5 Attribution

Wenn wir das Verhalten anderer, aber auch unser eigenes interpretieren, spielen gewisse Vorurteile eine Rolle.

Wenn wir das Verhalten anderer zu erklären versuchen, fallen unsere Attributionen in zwei wesentliche Kategorien. Sie sind entweder intern – betreffen also die Persönlichkeit eines Menschen, oder extern und beziehen sich auf die Situation einer Person.

Harold Kelley sagt in seinem Kovariationsprinzip (1973), dass unsere Urteile zum Teil von der Konsistenz des Verhaltens einer Person beeinflusst sind: Wie konsistent ist das Verhalten im Vergleich zum Verhalten anderer Personen? Und wie konsistent ist das Verhalten im Vergleich zum eigenen Erleben dieser Person zu anderen Zeiten und in anderen Situationen?

Interessanterweise tendiert man beim Bilden von Attributionen über andere Menschen dazu, ihr Verhalten auf Basis der Persönlichkeit zu bewerten, besonders, wenn sie sich sozial unerwünscht verhalten. Das eigene Verhalten empfindet man hingegen eher als situationsabhängig.

Es gibt auch Belege dafür, dass Vorurteile kulturspezifisch sind. Ein Kind in einer kollektivistischen Gesellschaft (Indien) bildet im gleichen Ausmaß externe und interne Attributionen wie ein Kind in einer individualistischen Gesellschaft (USA). Mit dem Alter entwickeln Kinder jedoch Vorurteile – kollektivistische Kulturen neigen zu externen Attributionen, individualistische zu internen (siehe Thema 8.8).

Beobachtet man sein eigenes Verhalten im Spiegel, schreibt man es eher dem Einfluss der Situation zu.

Theorie korrespondierender Inferenzen **+**

UNERWARTETES VERHALTEN

+

FREIE WAHL

KLARE ABSICHT

Heute entschied Hans, dass er als Clown verkleidet zur Arbeit geht.

=

KORRESPONDIERENDE INFERENZ

Die Theorie korrespondierender Inferenzen von Jones und Davis besagt, dass das Verhalten die Eigenschaften einer Person reflektiert, wenn alle drei Attribute – Wahlfreiheit, unerwartetes Verhalten und klare Absicht – gegeben sind.

4.6 Hilfeverhalten

In Notsituationen können sich Menschen heldenhaft verhalten, aber auch untätig zusehen. Warum?

Mithilfe von Modellen des Hilfeverhaltens erklären Psychologen die Motivation, Fremden zu helfen.

In einer Notsituation müssen wir uns entscheiden, ob wir Verantwortung übernehmen oder nicht – also, ob wir einschreiten. Wenn wir uns engagieren, wählen wir ein Hilfeverhalten aus und handeln danach. Aber warum entscheiden wir uns überhaupt für diese Verantwortung?

Piliavin und Kollegen liefern mit ihrem Kosten-Belohnungs-Modell (1969) eine Lösung. Es besagt, dass das Beobachten einer Notsituation eine unangenehme emotionale Erregung erzeugt, die der Beobachter verringern möchte.

Anfänglich wägen wir Faktoren ab, die das Hilfeverhalten fördern, zum Beispiel: Was ist der Nutzen des Helfens? Werden andere mich verurteilen, wenn ich nicht helfe? Wir wägen auch Faktoren ab, die unsere Hilfe verhindern, zum Beispiel die wahrscheinlichsten Risiken. Indem wir diese fördernden und hemmenden Faktoren abwägen, entscheiden wir, ob wir direkt oder indirekt helfen, die Situation ignorieren oder sie neu definieren. Unser Hilfeverhalten wird auch davon beeinflusst, ob wir die Notlage als Eigenverschulden des Opfers betrachten (siehe Thema 4.5).

Je mehr Menschen eine Notsituation beobachten, desto unwahrscheinlicher wird jemand helfen. Das ist der „Bystander-Effekt".

Reaktion auf einen Unfall

In Notsituationen, in denen der Hilfebedarf klar ist und die Zeugen wissen, was sie tun müssen, wird eher Hilfe geleistet. Spezielles Training kann bei diesen Faktoren helfen und ein Einschreiten wahrscheinlicher machen.

4.7 Konformität

Wir passen unsere Gedanken, Einstellungen und/oder Verhaltensweisen immer wieder an jene anderer Menschen an – auch wenn wir Bedenken haben.

Konformität verursacht Änderungen im Verhalten und ist das Resultat sozialer Einflüsse (siehe Themen 4.4 und 4.8).

Muzafer Sherif war der Erste, der die Tendenz, sich anzupassen, in seinem Experiment im Jahr 1936 demonstrierte. Die Teilnehmer mussten schätzen, wie stark sich ein Lichtpunkt in einem abgedunkelten Raum bewegte. Das Licht wurde jedoch gar nicht bewegt und die Bewegung war nur eine optische Täuschung. Wenn die Teilnehmer das Experiment als Gruppe durchführten, näherten sich ihre Schätzungen selbst ohne Bezugssystem nach nur wenigen Versuchen aneinander an.

Die Experimente von Solomon Asch im Jahr 1951 führten zu ähnlichen Ergebnissen. Asch zeigte, dass Personen, die eine Referenzlinie und einige Vergleichslinien (siehe gegenüber) vor sich hatten, die Referenz- der richtigen Vergleichslinie sehr genau zuordnen konnten. Wenn eine Versuchsperson jedoch hörte, wie andere Teilnehmer – in diesem Fall Eingeweihte des Versuchsleiters – eine andere Linie nannten, wählte auch die Versuchsperson oft die falsche Linie. Nur 25 % aller Teilnehmer passten sich nie den anderen an.

Diese beiden Versuchsreihen waren der Beginn eines großen Forschungsprogramms, das untersucht, wann und wie Menschen sich an andere anpassen.

In den Versuchen von Asch stimmten 50 % der Teilnehmer zumindest in der Hälfte der Versuche der falschen Antwort zu.

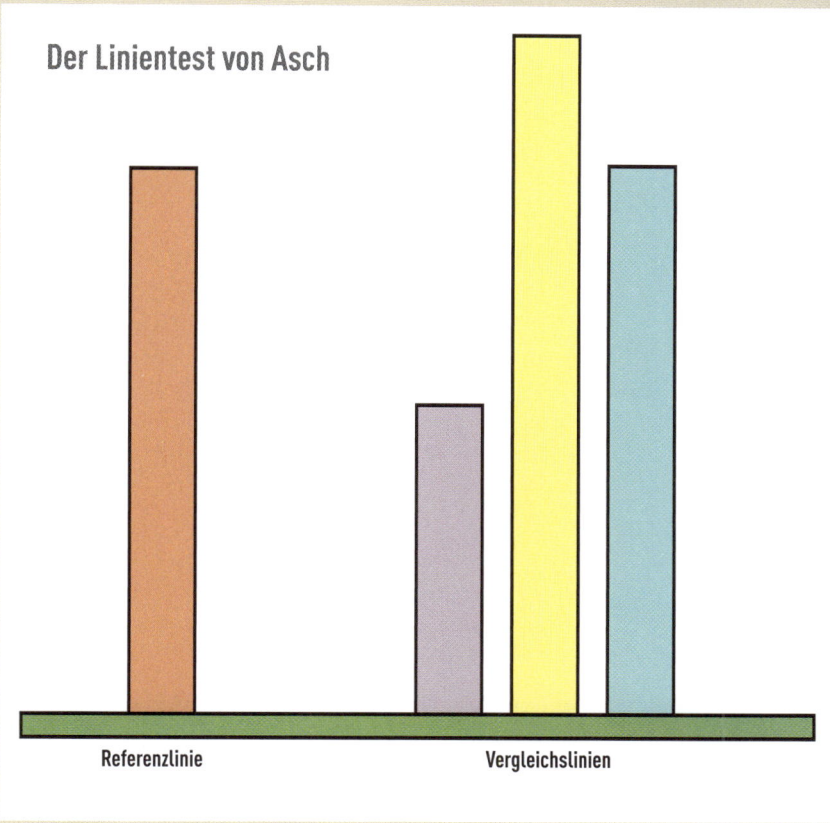

Der Linientest von Asch

Referenzlinie   Vergleichslinien

Das sind die vielleicht berühmtesten Linien der Psychologie. Asch zeigte, dass sich Menschen (zumindest in der Öffentlichkeit) dem Urteil anderer anpassen, selbst wenn die Beweislage dagegen spricht.

4.8 Gehorsamkeit

Würden Sie einem Fremden einen 450 Volt starken Stromschlag versetzen? Falsch. Manchmal lässt uns der Drang zum Gehorsam unerwartet handeln.

In den 1960er-Jahren lieferten die Versuche von Stanley Milgram erstaunliche Ergebnisse bei der Beobachtung von Gehorsamkeit. In diesen Experimenten versetzten Personen einem anderen Teilnehmer mit einem angeblichen leichten Herzproblem Stromschläge mit zunehmender Intensität.

Als die vermeintlichen Stromschläge von 15 bis auf 450 Volt erhöht wurden, war der Teilnehmer – ein Schauspieler – aus dem Nebenraum zu hören: er schrie und wimmerte. Wollte die Versuchsperson keinen elektrischen Schlag geben, sagte ihr der Versuchsleiter – die Autoritätsperson im Experiment – dass sie weitermachen müsse oder das Experiment würde scheitern.

Vor dem Experiment befragte Milgram Experten und Laien über ihre Prognosen zum Versuchsablauf. Die meisten vermuteten, dass kein Teilnehmer mehr als 300 Volt verabreichen würde. Die Experten sagten, dass nur 10 % der Personen über 180 Volt gehen würden und nur 0,01 % bis zum Maximum. Und in Wirklichkeit? Etwa 20 % der Personen gab Stromschläge von über 150 Volt; 63 % teilten einen potenziell tödlichen 450-Volt-Schlag aus.

Trotz der ethischen Kritik – und der veränderten Gesellschaft seit den 1960ern – zeigt das Experiment eindringlich die Auswirkungen von Autorität und wie normale Menschen unter gewissen Umständen Schreckliches tun können.

Wenn man den Teilnehmer sehen konnte oder die Versuchspersonen Masken trugen, änderte das den Gehorsam im Milgram-Experiment.

Die Regeln befolgen

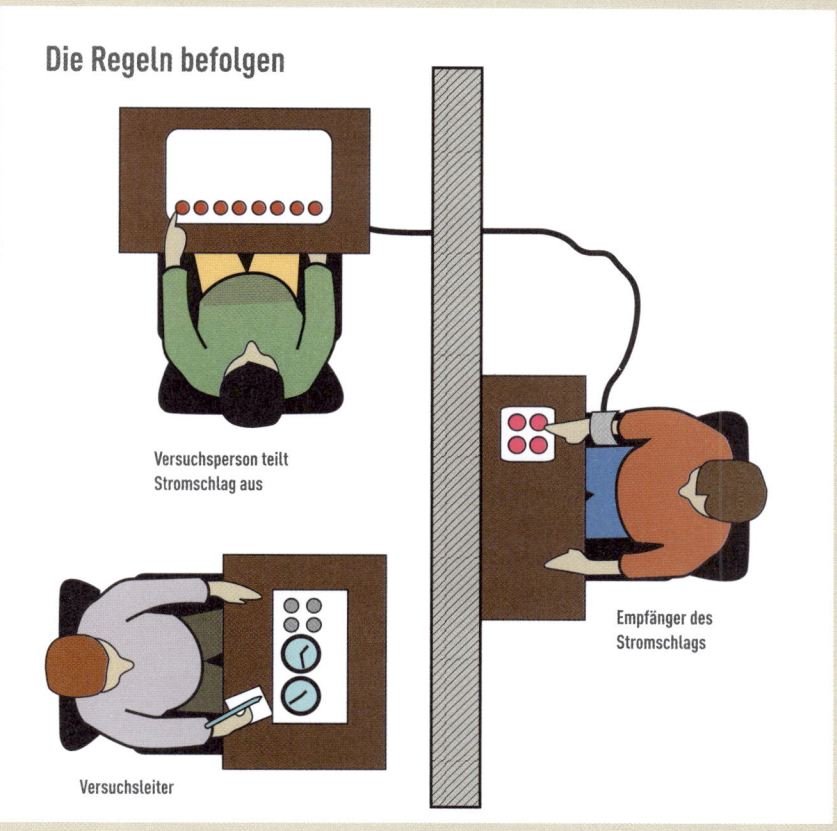

Versuchsperson teilt
Stromschlag aus

Empfänger des
Stromschlags

Versuchsleiter

Die Versuchspersonen konnten den Empfänger nicht sehen. Sie hörten nur die
Schreie. Die offensichtlichen Schmerzen hielten die Mehrheit jedoch nicht davon ab,
elektrische Schläge auszuteilen.

4.9 Erleichterung und Faulenzen

Warum kann die Anwesenheit anderer Menschen unsere Leistung beeinflussen?

Soziale Erleichterung ist das Phänomen der verbesserten Leistung durch die Anwesenheit anderer. Erstmals wurde sie 1898 von Norman Triplett beobachtet, der sah, wie Radrennfahrer gegen andere schneller fuhren als allein.

Im Jahr 1965 behauptete Robert Zajonc, dass die Anwesenheit anderer Personen die Leistung bei einfachen Aufgaben förderte, aber bei komplexen oder neuen, ungeübten Aufgaben verringerte. Dafür gibt es mehrere mögliche Gründe. Die Person hat vielleicht Angst, beurteilt zu werden, oder ist einfach abgelenkt.

Soziales Faulenzen geschieht, wenn die kollektive Leistung einer Gruppe geringer ist, als man es von den Fähigkeiten der einzelnen Personen erwarten würde. Das Phänomen wurde in zahlreichen Bereichen beobachtet (z. B. beim Lachen, bei kreativen Tätigkeiten, im Sport) und entsteht aus einem Mangel an Teamkoordination und Motivation.

Das soziale Faulenzen wirkt am stärksten, wenn die Personen nicht für ihre Leistung zur Verantwortung gezogen werden oder vermuten, dass andere zu wenig leisten, oder sich auf den Leistungen anderer ausruhen. Je größer eine Gruppe wird, desto größer wird auch die Diskrepanz.

Diese beiden Phänomene können also Ihre Leistung in einer bestimmten Situation maßgeblich beeinflussen.

Die Erforschung der Erleichterung und des Faulenzens gehört zu den ersten empirischen sozialpsychologischen Untersuchungen.

An einem Strang ziehen

Wenn jede Person allein vier Krafteinheiten ziehen kann, sollten vier Personen 16 Einheiten ziehen können. Ist das Gesamtergebnis geringer, handelt es sich um einen Fall von sozialem Faulenzen.

4.10 Soziale Identität

Die Zugehörigkeit zu einer Gruppe gibt uns ein gutes Selbstgefühl, manchmal auf Kosten anderer.

Die Theorie der sozialen Identität von Henri Tajfel und John Turner (1979) besagt, dass wir von der Zugehörigkeit zu einer Gruppe psychologisch profitieren. Das kann eine religiöse Gruppe, ein Fanclub oder anderes sein. Die Gruppenzugehörigkeit ermöglicht es uns, positive Vergleiche zwischen unserer **Ingroup** und anderer **Outgroups** anzustellen.

Die Selbstkategorisierungstheorie von John Turner und Kollegen (1987) besagt, dass wir uns manchmal als Individuen, manchmal als Gruppenmitglieder und manchmal als Mischung aus beidem sehen. In jeder Situation wählen wir jene Identität, die unsere positiven Vergleiche zwischen unserer Gruppe und anderen Gruppen maximiert.

Wird die Gruppenidentität gewählt, sehen wir die Welt aus der Perspektive der Gruppe und behandeln andere Personen als Gruppenmitglieder statt als Individuen (siehe Thema 4.3). Wir zeigen die Merkmale und empfinden die Emotionen, die für unsere Gruppe typisch sind (siehe gegenüber).

Mitglieder der Ingroup sehen wir als vielschichtiger und Mitglieder der Outgroup als eindimensionaler an, als sie es sind, und zwar selbst dann, wenn wir zufälligen Gruppen mit wenig oder keinem Hintergrund zugeordnet werden.

Ein großer Teil unserer Eigenidentität hängt von unseren sozialen Zugehörigkeiten ab. Sie beeinflussen, wie wir denken und wie wir uns verhalten, besonders anderen gegenüber.

Wir haben viele soziale Identitäten. Die jeweilige Situation bestimmt, welche in den Vordergrund rücken.

Eigenidentität

■ Selbst ■ Vergleichsperson (Nicht-Selbst)

Situation	Identität	Tim	Personen in Tims Team	Andere Personen in Tims Organisation	Personen in anderen Organisationen
Bedeutendes Ereignis, z. B. eine Naturkatastrophe	Selbst als Mensch	■	■	■	■
Mitglied einer großen Organisation	Selbst als eines von vielen	■	■	■	■
Mitglied eines Teams	Selbst als eines von mehreren	■	■	■	■
persönliche	Selbst als Individuum	■	■	■	■

Die Eigenidentität ist situationsabhängig. Bei großen Katastrophen identifiziert sich Tim mit allen Menschen. Auf der Arbeit ist er ein Mitglied seines Teams oder ein Repräsentant seiner Firma vor anderen Unternehmen. Auf persönlicher Ebene sieht er sich als Individuum

KOGNITION: UNSER WELTBILD

Kognition bezeichnet mehrere komplexe mentale Prozesse, deren Gesamtheit es uns ermöglicht, die Welt um uns herum zu verstehen und mit ihr zu interagieren. Die Kognitionspsychologie untersucht, wie diese Prozesse funktionieren und zusammenspielen.

Das Kapitel beginnt mit einem Blick auf die Wahrnehmung – für das Gehirn das Fenster zur Welt. Wie erzeugen wir aus Lichtmustern auf der Netzhaut ein dreidimensionales Bild der Welt?

Die folgenden drei Themen behandeln das Gedächtnis, vor allem das Erkennen von Objekten und Gesichtern, die Gedächtnissysteme des Gehirns und Gedächtnisprozesse. Wir zeigen, wie Erinnerungen als mentale Darstellungen enkodiert, gespeichert und wieder abgerufen werden.

Weitere Themen beschäftigen sich mit der Ausführung komplexer Aufgaben. Wie koordiniert das Gehirn z. B. die verschiedenen Schritte eines Einkaufsbummels? Dazu gehören verschiedene modulare Prozesse, die zur erfolgreichen Erfüllung der Aufgabe zusammenarbeiten müssen. Als Aufsichtsprozess dient die exekutive Funktion. Sie hängt an unserer Fähigkeit, unsere Aufmerksamkeit gezielt zu lenken und sie bei Bedarf auch auf mehrere Aufgaben aufteilen zu können.

Unser Gehirn beherrscht eine Vielzahl von mentalen Aktivitäten. Wir haben einen Arbeitsplatz – das Arbeitsgedächtnis, das sich fast ausschließlich mit Problemlösen beschäftigt. Außerdem besitzen wir eine einzigartige Sprachfähigkeit. Beides wird detailliert behandelt.

Die letzten beiden Themen dieses Kapitels zeigen, wie Urteile und Entscheidungen meist auf der Basis von Faustregeln getroffen werden und nicht nach statistischen Schlussfolgerungen. Dabei überlegen wir, wie stark unser Schlussfolgern vom Erfahrungswissen, aber auch von der Logik beeinflusst wird. Interessant!

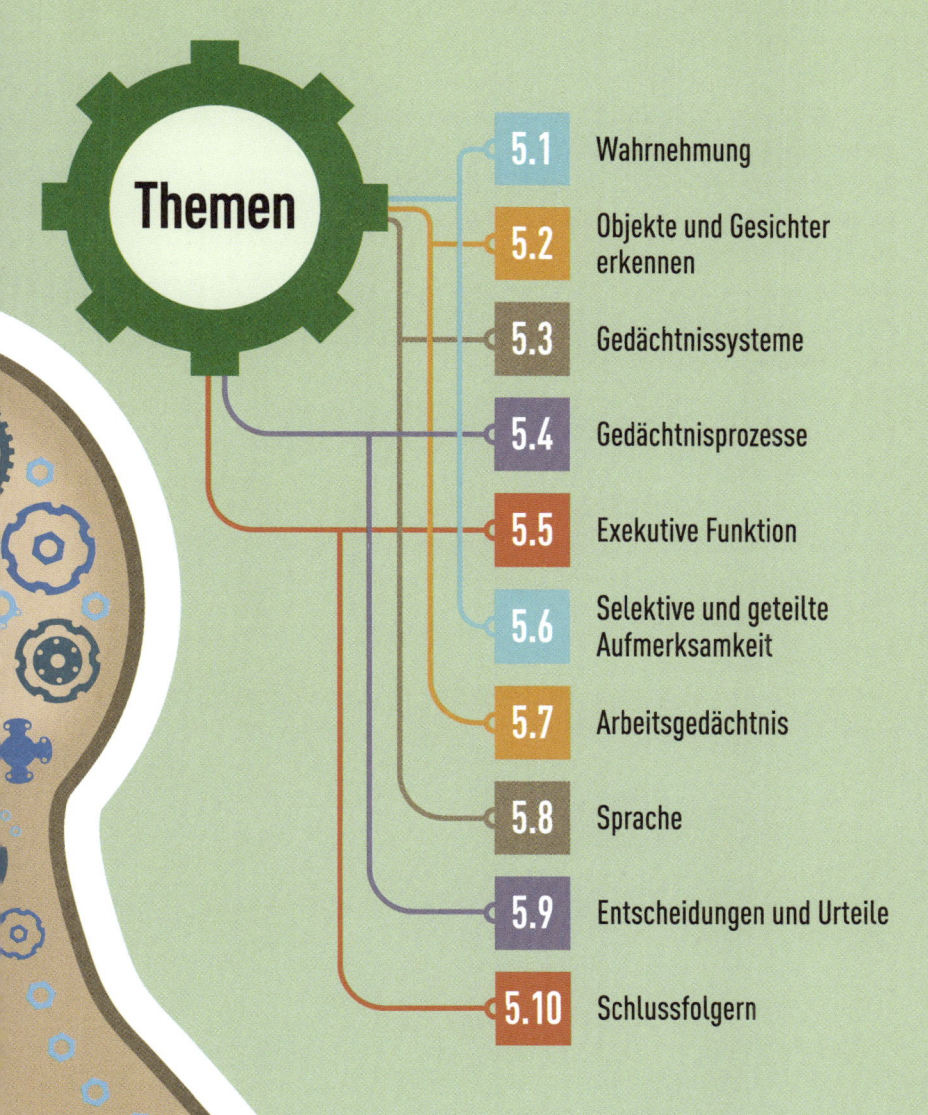

Themen

5.1	Wahrnehmung
5.2	Objekte und Gesichter erkennen
5.3	Gedächtnissysteme
5.4	Gedächtnisprozesse
5.5	Exekutive Funktion
5.6	Selektive und geteilte Aufmerksamkeit
5.7	Arbeitsgedächtnis
5.8	Sprache
5.9	Entscheidungen und Urteile
5.10	Schlussfolgern

5.1 Wahrnehmung

Unsere Sinne sind wie Fenster zur Welt. Das Gehirn verarbeitet die erhaltenen Informationen, damit wir die Welt erkennen und uns in ihr zurechtfinden.

Wir empfangen Informationen durch das Sehen, das Hören, das Riechen, das Schmecken, das Fühlen und die Körperlage. Diese Informationen werden rasch und unbewusst verarbeitet und erzeugen einen Wahrnehmungseindruck, ein **Perzept**, der aktuellen Situation. Der Schwerpunkt liegt hierbei auf der visuellen Wahrnehmung.

Wie entsteht aus einem zweidimensionalen Bild auf der Netzhaut ein dreidimensionales Perzept? Ein erster Schritt ist das Identifizieren der Merkmale eines Objekts – die Ecken, die horizontalen und vertikalen Kanten eines Tischs usw. aktivieren unterschiedliche Gehirnzellen. Die Nobelpreisträger David Hubel und Torsten Wiesel fanden dafür physiologische Beweise. Die Merkmale werden mithilfe von **Gestaltprinzipien**, wie etwa Nähe, wieder zusammengefügt. Merkmale, die räumlich eng beieinanderliegen, gehören wahrscheinlich zum selben Objekt. Die dreidimensionale Form entsteht aus Hinweisen wie der Perspektive (denken Sie an scheinbar zusammenlaufende Eisenbahnschienen) und der Differenz der Blickwinkel beider Augen.

Damit man sich mithilfe visueller Eindrücke in der Welt orientieren kann, benötigt man Informationen über Größe, Form und Lage von Objekten sowie über die Veränderungen durch Bewegung. Die Neuropsychologie hat zwei wichtige kortikale Bahnen für die Verarbeitung dieser Informationen identifiziert: eine für das „Was" und eine für das „Wo".

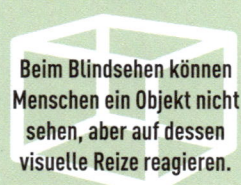

Beim Blindsehen können Menschen ein Objekt nicht sehen, aber auf dessen visuelle Reize reagieren.

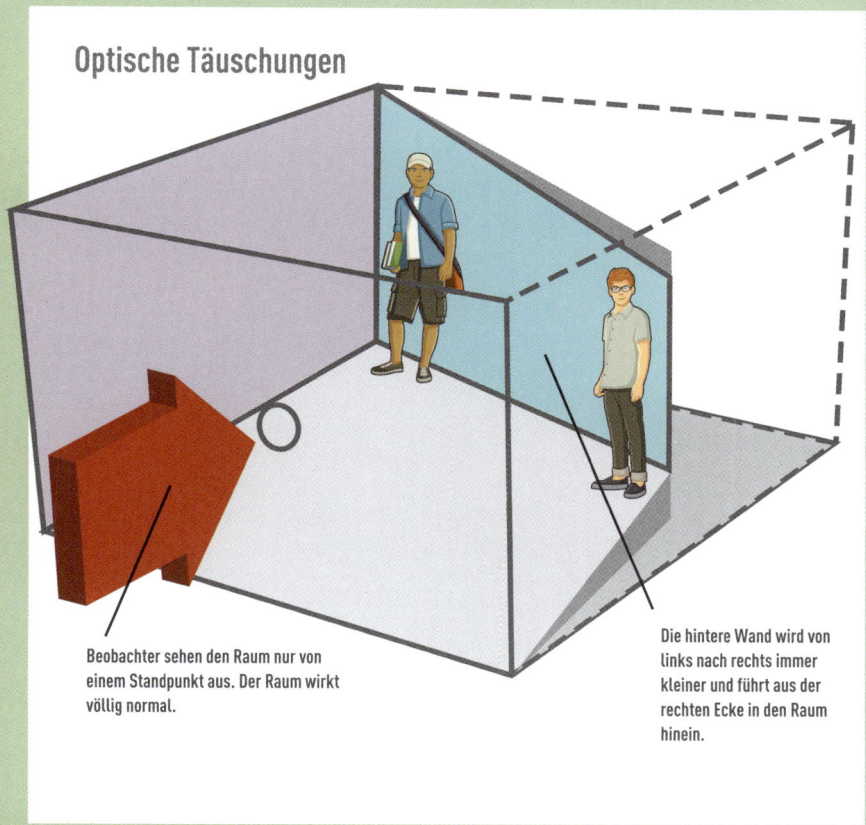

Optische Täuschungen

Beobachter sehen den Raum nur von einem Standpunkt aus. Der Raum wirkt völlig normal.

Die hintere Wand wird von links nach rechts immer kleiner und führt aus der rechten Ecke in den Raum hinein.

Im Ames-Raum wird die Tiefenwahrnehmung manipuliert, um eine Täuschung zu erzeugen. Obwohl beide Jungen gleich groß sind, wirkt einer bedeutend größer als der andere.

5.2 Objekte und Gesichter erkennen

Bei der Erkennung wird ein Bild mit anderen Bildern im Gedächtnis verglichen, bis eine Übereinstimmung gefunden wird. Erfahrung und Erwartung spielen dabei eine Rolle.

Mithilfe von Daten aus der Physiologie und der Experimentalpsychologie erzeugte der Informatiker David Marr ein maßgebendes Computermodell der psychologischen Prozesse hinter der visuellen Objekterkennung (1982). Es beginnt mit der Darstellung eines Objekts als Mosaik aus hellen Pixeln (das die Netzhaut simuliert, siehe auch Thema 5.1). Dann werden Merkmale, z. B. Ecken und Kanten, extrahiert und miteinander verknüpft. Schließlich erstellt das Modell daraus ein dreidimensionales Abbild des Perzepts. Danach wird ein Gedächtnisspeicher durchsucht, bis eine Übereinstimmung gefunden wird.

Marrs Modell erklärt die Erkennung von künstlichen Objekten recht gut, aber es scheitert an Gesichtern. Alle Gesichter haben die gleichen Merkmale (Nase, Mund usw.), daher hängt die Erkennung mehr von der Anordnung der Merkmale und von Eigenschaften wie dem Hautbild, der Tiefe des Gesichts, seiner Form und dem Haaransatz ab.

Manche Menschen können nach bestimmten Kopfverletzungen keine Gesichter mehr erkennen – auch nicht jene von Partnern, Kindern und Eltern.

Wie erkennen wir Objekte und Gesichter aus verschiedenen Blickwinkeln, wenn sie zum Teil verborgen oder schwer zu erkennen sind? In gewissem Maß können wir das Perzept in einen Winkel rotieren, der die Erkennung optimiert. Wir haben auch einen Gedächtnisspeicher des Objekts oder Gesichts, das wir zuvor bereits aus verschiedenen Blickwinkeln und in verschiedenen Zuständen gesehen haben. Und mit Erfahrungswerten können wir Schlussfolgerungen machen.

Konfigurale Verarbeitung

Suchen Sie sich eines der sechs Gesichter aus, beschreiben Sie es schriftlich, geben Sie das Buch und Ihre Beschreibung an eine andere Person weiter, die nun sagen soll, welches Gesicht Sie beschrieben haben. Das ist schwerer, als man denkt.

5.3 Gedächtnissysteme

Das Wissen, wie man einen Drachen steigen lässt, stützt sich auf ein Gedächtnissystem. Das Wissen, welches die Hauptstädte Europas sind, stützt sich auf ein anderes.

Unser Gedächtnis ist vielseitig. Wir speichern jüngste und lang vergangene Ereignisse, Geräusche und Anblicke, Fakten und Zahlen, Ereignisse und Fähigkeiten und vieles mehr. Diese Vielfalt erfordert ein komplexes System (siehe gegenüber).

Grundsätzlich unterscheidet man zwischen Kurzzeit- und Langzeitgedächtnis. Ersteres speichert Informationen nur wenige Sekunden, während Letzteres sie viele Jahre behalten kann. Das Langzeitgedächtnis wird weiter in explizite und implizite Gedächtnissysteme unterteilt.

Das explizite Gedächtnis ist für Ereignisse und Fakten zuständig. Es erfordert aktives Erinnern (etwa an Ihren letzten Geburtstag) und wird in das episodische Gedächtnis (Ereignisse) und das semantische Gedächtnis (Fakten) unterteilt.

Das implizite Gedächtnis besteht aus drei Teilsystemen, von denen jedes mit einer anderen Art des Lernens verknüpft ist. Hier werden die Ergebnisse des Lernens durch Reproduktion des Gelernten gezeigt, ohne sich aktiv an Daten zu erinnern. Wir zeigen, dass wir ein Fahrrad fahren können, indem wir es fahren, nicht indem wir den Lernprozess beschreiben.

Das prospektive Gedächtnis ist das Erinnern an etwas, das man in der Zukunft tun möchte. Es benötigt das explizite und implizite Gedächtnis wie auch exekutive Funktionen, etwa das Planen (siehe Thema 5.5).

Menschen mit Amnesie können zwar Neues lernen, erinnern sich aber nicht mehr an das Lernen selbst.

Langzeitgedächtnis

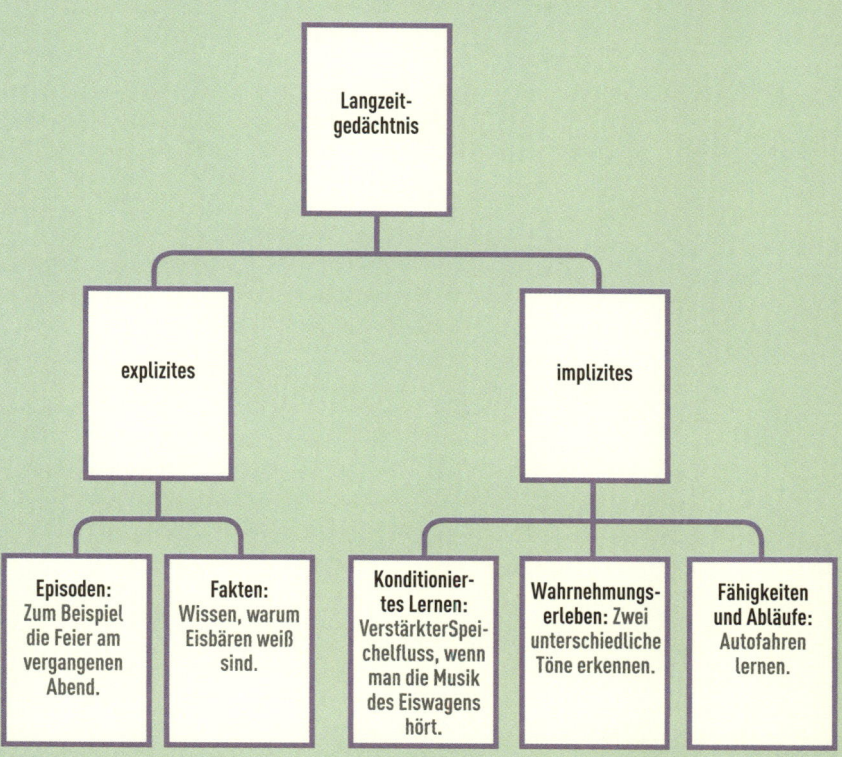

Das Gedächtnis besteht aus einer Gruppe von Systemen. Die Grafik zeigt einige der wichtigsten Systeme des Langzeitgedächtnisses, zusammen mit Beispielen für die mit ihnen verknüpften Aktivitäten.

5.4 Gedächtnisprozesse

Manchmal können wir uns an etwas erinnern, ein anderes Mal aber nicht. Lässt uns unser Gedächtnis im Stich?

Das Gedächtnis stützt sich auf das Detail der **Enkodierung** von Informationen, das Ausmaß ihrer **Konsolidierung** und die Effizienz des **Abrufs**. Wie das abläuft, hängt von den Arten unserer Erinnerungen ab.

Ereignisse geschehen im Kontext einer Zeit, eines Orts usw. Die Gedächtnisspur eines Ereignisses wird mit diesem Kontext enkodiert und mit bestehenden Erinnerungen verknüpft. Erinnerungen an Fakten sind mit verwandten faktischen Erinnerungen verknüpft.

Die Konsolidierung einer Erinnerungsspur geschieht synaptisch oder systemisch. Die synaptische Konsolidierung ist temporär und mit dem Kurzzeitgedächtnis assoziiert. Die systemische Konsolidierung ist der Mechanismus für das Langzeitgedächtnis. Erinnerungen werden im Gehirn vom **Hippocampus** verarbeitet und im Cortex gespeichert.

Ein Psychologe wurde fälschlich der Vergewaltigung bezichtigt, weil das Opfer während der Tat zufällig sein Gesicht im Fernsehen sah. (Baddeley et al., 2009)

Das Erinnern ist ein aktiver Prozess des Suchens und Abrufens, abhängig von Signalen aus der Situation, zum Beispiel Fragen wie: „Wo warst du gestern Abend?" Diese Abhängigkeit macht das Abrufen oft unzuverlässig. Auch Rückschlüsse und Prognosen schmücken Erinnerungen aus, was den Prozess verfälschen kann. Versagt unser Gedächtnis, liegt das meist an mangelhafter Enkodierung oder Konsolidierung, weil sich Erinnerungen vermischen, oder weil die Abrufsignale nicht ausreichen. Trotz dieser Schwächen ist das Erinnern an jahrzehntealte Ereignisse ein bemerkenswerter Prozess.

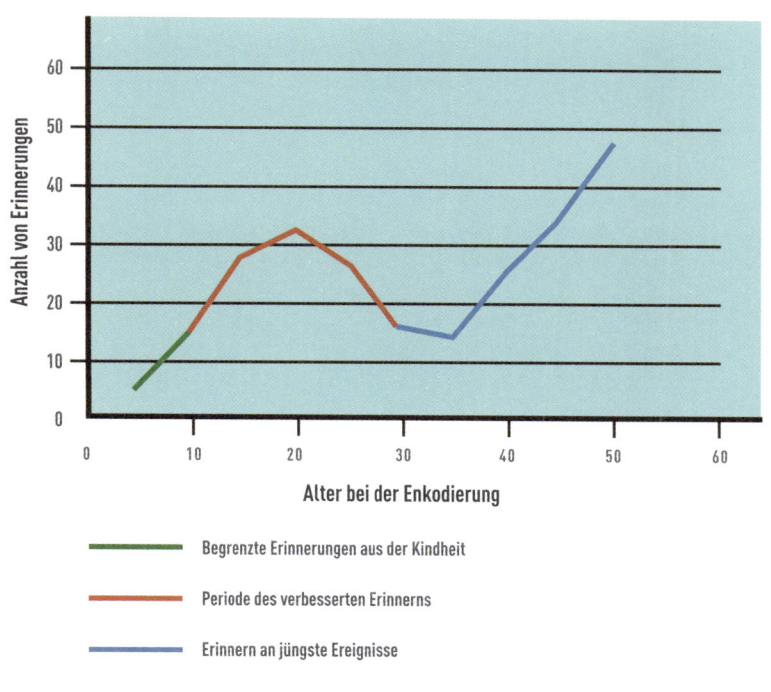

Abrufen von Erinnerungen

Anzahl von Erinnerungen (y-Achse: 0, 10, 20, 30, 40, 50, 60)

Alter bei der Enkodierung (x-Achse: 0, 10, 20, 30, 40, 50, 60)

Begrenzte Erinnerungen aus der Kindheit

Periode des verbesserten Erinnerns

Erinnern an jüngste Ereignisse

Dieses idealisierte Diagramm zeigt die Anzahl der Erinnerungen, die in verschiedenen Lebensphasen abgerufen werden können. Man hat wenige Kindheitserinnerungen, aber viele aus der Adoleszenz. Ab 40 Jahren hängt das Erinnern immer häufiger von der Aktualität des Ereignisses ab.

5.5 Exekutive Funktionen

Jeder stützt sich auf eine bestimmte Anzahl von Prozessen, die zusammen die bewusste mentale Aktivität priorisieren und koordinieren.

Donald Norman und Tim Shallice (1980) behaupteten, dass zwei Systeme unser Alltagsleben bestimmten.

Das erste ist **automatisch** und bestimmt alltägliche, wiederholte Handlungen, wie das Zur-Arbeit-Gehen. Diese Prozesse sind komplexe Aufgaben, die aber stark überlernt sind und man sie ohne nachzudenken ausführen kann.

Das zweite ist ein **exekutives** System, das für alle anderen komplexen Aufgaben notwendig ist. Einkaufen erfordert Zielsetzung (eine Liste), Planung und Priorisierung der einzelnen Schritte (welche Läden in welcher Reihenfolge) sowie die Koordinierung von Wahrnehmung, Gedächtnis und Handlung (wo man ist, wo man war, wohin als nächstes). Zusammen erfüllen diese Prozesse **exekutive Funktionen**. Genauer betrachtet erfordert das Einkaufen das Sequenzieren von Handlungen und das Wechseln der Aufmerksamkeit zwischen Teilaufgaben. Der erfolgreiche Abschluss hängt von der Konzentration auf die vorliegende Aufgabe und der Hemmung von Ablenkungen ab. Bei diesen Prozessen denkt man unwillkürlich an den Homunkulus, das „Menschlein im Kopf".

Wie wichtig die exekutiven Funktionen sind, sieht man bei Schäden im Frontalhirn: Die Betroffenen weisen oft nur geringe Beeinträchtigungen der Intelligenz, Sprache, Wahrnehmung oder Erinnerung auf, aber sie sind so leicht abgelenkt, dass sie ihren Alltag nicht mehr koordinieren können.

Ein Patient mit Environmental-Dependency-Syndrom aufgrund einer Schädigung des Frontallappens imitiert den Therapeuten bis ins kleinste Detail.

Der kleine Mensch im Kopf

Hätten wir wirklich einen Homunkulus im Kopf, müsste man das Gedächtnis dieses kleinen Wesens, des Wesens in ihm usw. erklären, was die Idee ad absurdum führt.

Man kann die exekutiven Funktionen nur schwer erklären, ohne das Konzept eines Kontrollmechanismus bemühen zu müssen.

5.6 Selektive und geteilte Aufmerksamkeit

Manche Aufgaben erfordern unsere volle Aufmerksamkeit, bei anderen Aufgaben müssen wir sie aufteilen.

Die selektive auditive Aufmerksamkeit ist die Fähigkeit, einer Botschaft zuzuhören, während man andere ausblendet. Donald Broadbent (1958) beschrieb sie als **auditiven Kanal**, der eine einzelne Botschaft verarbeiten kann und Unerwünschtes herausfiltert. Manche Botschaften dringen hindurch, etwa wenn jemand Ihren Namen ruft: Ein rascher Wechselmechanismus prüft von Zeit zu Zeit unbeachtete Botschaften.

Die selektive visuelle Aufmerksamkeit wurde von Michael Posner als Lichtkegel beschrieben, der die Aufmerksamkeit auf ein Ziel lenkt. Das geschieht verborgen (im Kopf), zeigt sich jedoch in einem Wechsel des Blicks. Wie ein Lichtkegel kann die Aufmerksamkeit zwischen den Zielen gewechselt werden und auf einen Punkt gerichtet oder weiter ausgedehnt werden. Anders als der Lichtkegel kann sie zwischen zwei räumlich getrennten Zielen aufgeteilt werden.

Wenn die Aufmerksamkeit zwischen gleichzeitigen Aufgaben aufgeteilt werden muss, ist die Leistung meist geringer als wenn man sich auf eine Aufgabe konzentriert. Umfangreiche Praxis kann die beteiligten Prozesse jedoch automatisieren und die nötige Aufmerksamkeit verringern. Dennoch gibt es Grenzen: Man kann etwa zwei Handlungen gleichzeitig ausführen, aber nicht zwei Entscheidungen gleichzeitig treffen.

Zweifellos sind die selektive und die geteilte Aufmerksamkeit äußerst wichtig bei der Ausführung komplexer Aufgaben.

Ein Experiment von Spelke et al. (1976) zeigte, dass zwei Studenten nach tausenden Versuchen gleichzeitig lesen und nach Diktat schreiben konnten.

Filtertheorie nach Broadbent

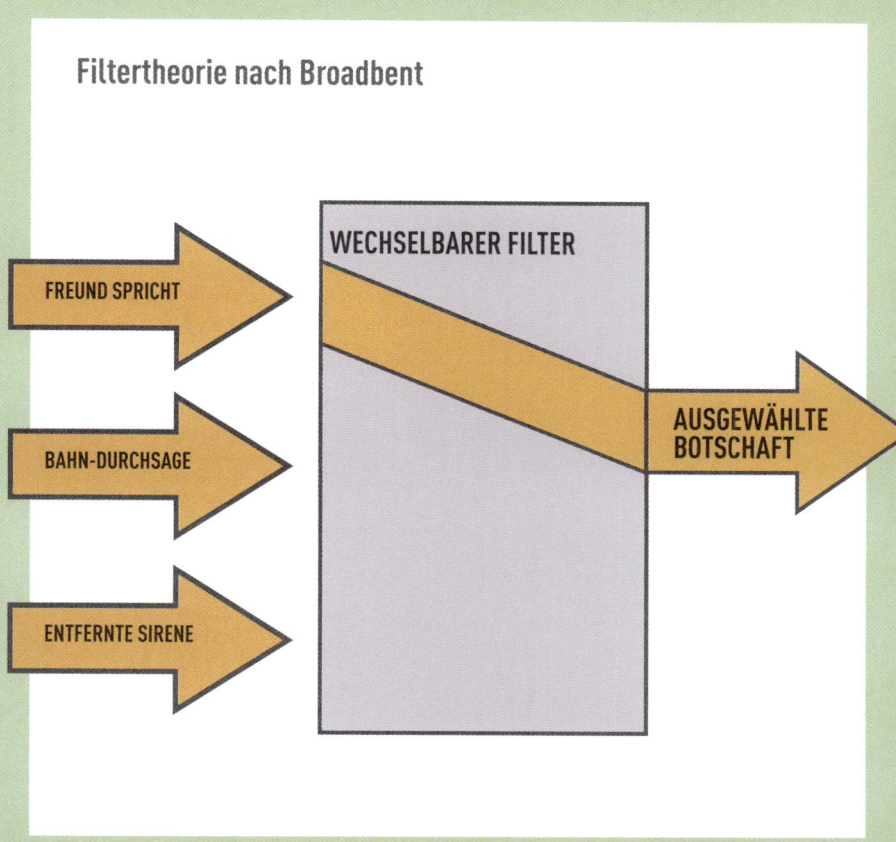

Bei mehreren auditiven Botschaften wird eine ausgewählt und zur weiteren Verarbeitung weitergeleitet. Die anderen werden ausgeblendet, aber häufig geprüft, ob sie wichtige Informationen enthalten.

5.7 Arbeitsgedächtnis

Jeder hat einen mentalen Arbeitsbereich, der sich vorwiegend mentaler Arithmetik und dem Problemlösen widmet. Je größer er ist, desto besser.

Es wurde bereits versucht, die Struktur des Arbeitsgedächtnisses zu identifizieren und die Beziehung zwischen seiner Kapazität und seiner Leistung einzuschätzen.

Alan Baddeley und Graham Hitch behaupteten, dass das Arbeitsgedächtnis aus einer **zentralen Exekutive** besteht – einer Art Steuereinheit (1974). Sie teilt die Aufmerksamkeit zu, priorisiert und koordiniert. Ihr unterstehen zwei Komponenten:

- Die **phonologische Schleife** speichert und aktualisiert verbale Informationen. Sie ist wichtig beim Bilden des Vokabulars.

- Der **räumlich-visuelle Notizblock** speichert und aktualisiert visuelle und/oder räumliche Informationen und kommt z. B. beim Abzeichnen eines Bildes zum Einsatz.

Eine spätere Komponente, der **episodische Puffer**, ist die Schnittstelle zwischen der zentralen Exekutive, den beiden Speichermodulen und dem Langzeitgedächtnis. Er ist ein Speichersystem, das Elemente miteinander verbindet.

Warum kommt es aber auf die Größe an? Ein Forschungsprogramm in den USA ergab einen starken Zusammenhang zwischen der Kapazität des Arbeitsgedächtnisses und Aufgaben wie dem Leseverstehen und der allgemeinen Intelligenz (siehe Thema 8.4). Die Tests zeigen, dass Personen mit großer Kapazität des Arbeitsgedächtnisses regelmäßig eine bessere Leistung erbringen als Personen mit geringerer Kapazität.

Bei Patienten mit starker Amnesie in Bezug auf alltägliche Ereignisse sind Arbeitsgedächtnis und intellektuelle Kapazität intakt.

Ein großer Teil des Arbeitsgedächtnisses ist die Fähigkeit, sich zu konzentrieren und Ablenkungen auszublenden. Geringe Kapazität führt zu geringerer Aufmerksamkeit, leichterer Zerstreuung und schlechteren Prüfungsergebnissen.

5.8 Sprache

Sprache wird mittels unendlich vieler Wörter und einem festgelegten und begrenzten Regelwerk für die Verwendung dieser Wörter gebildet und verstanden.

Es ist erstaunlich, wenn man bedenkt, dass wir im Prinzip eine unendliche Anzahl von Aussagen verstehen und bilden und damit unendlich viele Gedanken ausdrücken können.

Ein zentrales Konzept der Sprachfähigkeit ist das mentale Lexikon, eine Wortsammlung, die Informationen über den Klang von Wörtern, ihre Aussprache und ihre Bedeutungen speichert. Wenn wir jemandem zuhören, greifen wir auf dieses Lexikon zu. Indem wir aus der Sprache den Klang eines Worts entnehmen und ihn mit den Lexikoneinträgen abgleichen, erhalten wir Zugang zur Bedeutung des Worts.

Eine Grammatik ist ein Regelsystem, das die Wortstellung bestimmt. Sie ist internalisiert und wird vom Sprecher genutzt, um die Bedeutung eines Satzes zu erfassen. Diesen Prozess nennt man **Parsen**. Die Bedeutung wird dann mit jener der anderen Sätze und dem Erfahrungswissen kombiniert, um eine plausible Interpretation des Gesagten zu erzeugen.

Beim Sprechen werden Sätze auf vier Ebenen gebildet: einer konzeptuellen, einer lexikalischen, einer phonetischen und einer artikulatorischen Ebene. Auf jeder Ebene interagieren zwei Prozesse miteinander. Einer produziert einen grammatikalisch passenden Rahmen und einer füllt diesen Rahmen mit den passenden Wörtern. Das ist die Grundlage aller Sprache.

Auktionatoren können mehr als fünf Wörter pro Sekunde und dennoch verständlich sprechen.

Ebenen der Sprachproduktion

NACHRICHT
(Ideen und Gedanken, die ausgesprochen werden.)

KONZEPTUELLE EBENE
Wahl passender Konzepte (Personen, Objekte, Aktionen, Eigenschaften), Bestimmung grammatikalischer Beziehungen.

LEXIKALISCHE EBENE
Schlüsselwörter aus dem mentalen Lexikon werden in einen groben Satzrahmen gesteckt.

PHONETISCHE EBENE
Phonologische (gesprochene) Formen aller Wörter und Endungen in einem Satzrahmen, bereit zur Artikulation.

ARTIKULATORISCHE EBENE
Einsatz der Sprechmotorik.

Das Diagramm zeigt die wichtigsten Ebenen in der Produktion eines gesprochenen Satzes (nach Sterling, 2016, vereinfacht).

5.9 Entscheidungen und Urteile

Wir basieren Urteile und Entscheidungen häufiger auf Faustregeln als auf statistischer und logischer Schlussfolgerung.

Stellen Sie sich vor, Sie müssten den Beruf einer zufällig gewählten Person aus einer jeweils gleichen Anzahl von Buchhaltern, Akademikern und Designern auf einer Konferenz erraten. Egal, was Sie wählen (z. B. Designer), Sie liegen mit einer Ein-Drittel-Chance richtig. Wenn man Ihnen jedoch sagt, dass die Person einen grauen Anzug trägt, und Sie dann Buchhalter wählen, basiert Ihr Urteil auf einer Faustregel: einer **Repräsentativheuristik**, einem Stereotyp, und nicht auf der statistischen Information, über die Sie verfügen.

Auch wenn Sie die Wahrscheinlichkeit eines Flugzeugabsturzes einschätzen sollen, wird Ihre Antwort davon beeinflusst sein, ob in den Nachrichten vor Kurzem über einen Absturz berichtet wurde, was ihn in Ihrem Gedächtnis verfügbar und wahrscheinlicher macht. Das ist die **Verfügbarkeitsheuristik**.

Auch Entscheidungen werden auf der Basis von Faustregeln getroffen. Die Nobelpreisträger Daniel Kahneman und Amos Tversky untersuchten Vorurteile in der Entscheidungsfindung (1979; 1984). Sie zeigten, dass Menschen beim Errechnen möglicher Gewinne risikoscheu sind und beim Errechnen von Verlusten risikofreudig. Dieselbe Auswahl kann, anders präsentiert, zu anderen Entscheidungen führen.

Aktuell gilt, dass wir generell Heuristiken für schnelle Urteile und Entscheidungen verwenden und für überlegtere Reaktionen Schlussfolgerungen machen.

Die Diagnose, die Sie von Ihrem Arzt erhalten, hängt von den kürzlich behandelten Patienten des Arztes ab.

Gewinn, Verlust, Entscheidungen

Sie erhalten € 1000 zum Verspielen.

SZENARIO 1   Nun müssen Sie wählen:

A: 50 % Chance auf weitere € 1000

B: 100 % Chance auf weitere € 500

OPTION B IST RISIKOAVERS

SZENARIO 2   Nun müssen Sie wählen:

A: 50 % Möglichkeit, € 1000 zu verlieren

B: Sicherer Verlust von € 500

OPTION A IST VERLUSTAVERS

Die Nobelpreisträger Daniel Kahneman und Amos Tversky zeigten, dass Menschen bei Entscheidungen mit ungewissem Ausgang Risiken meiden, wenn sie gewinnen könnten, und Verluste meiden, wenn sie verlieren könnten.

5.10 Schlussfolgern

Wenn wir die Fakten nicht kennen, ziehen wir Schlüsse, aber nicht immer nach den Regeln der Logik.

Wir schlussfolgern, wenn wir aus der verfügbaren Information weitere Annahmen und Aussagen konstruieren. Wenn man mir zum Beispiel sagt, dass ich höhere Steuern bezahlen muss, würde ich daraus schließen, dass mein Lebensstandard sinken wird, vorausgesetzt, alles andere bliebe gleich.

■ **Induktion** heißt, dass man aus vorhandenem Wissen einen Schluss zieht. Wenn man uns sagt, dass Vögel Flügel besitzen und dass „Slods" Vögel sind, würden wir daraus schließen, dass Slods Flügel haben. Man hat jedoch herausgefunden, dass das induktive Folgern von unwichtigen, z. B. typischen Eigenschaften, beeinflusst wird. Wenn wir hören, dass Vögel Flügel haben, denken wir schneller an Rotkehlchen als an Pinguine, weil Rotkehlchen eher dem Typ „Vogel" entspricht.

■ **Deduktion** ist der Prozess durch den wir bei gegebenen Prämissen einen logisch zwingenden Schluss ziehen: Alle Männer haben Schwimmhäute und Präsident Obama ist ein Mann. Darum hat Obama auch Schwimmhäute.
Menschen folgen jedoch nicht immer den Regeln der Logik. In manchen Experimenten kam es zu kognitiver Verzerrung: Glaubwürdige Schlüsse werden fast immer als wahr angenommen, unabhängig vom tatsächlichen Wahrheitsgehalt.

■ **Abduktion** ist das wissenschaftliche Schlussfolgern, u. a. das Testen von Hypothesen, wobei nach verifizierenden und falsifizierenden Beweisen gesucht wird (siehe gegenüber).

Die formale Logik wurde vor über 2000 Jahren von Menschen in Griechenland, China und Indien unabhängig voneinander entdeckt.

Die Auswahlaufgabe nach Wason

Wenn eine Seite der Karte einen Vokal aufweist, befindet sich auf der anderen Seite eine gerade Zahl. Welche beiden Karten müssen umgedreht werden, um die Aussage als wahr oder falsch zu beweisen?

Ein Biertrinker ist 21 oder älter. Auf jeder Karte steht ein Getränk und das dazugehörige Alter. Prüfen Sie die Echtheit der Aussage, indem Sie möglichst wenige Karten umdrehen.

Hier sind zwei Versionen einer Aufgabe. Bei beiden sind die gleichen Karten die Antwort: Die Karte ganz links bestätigt die Regel; die ganz rechts widerlegt sie. Die Getränkeversion wird aber als leichter empfunden, da sie eine konkrete, keine abstrakte Situation verwendet.

LERNEN
& EXPERTISE

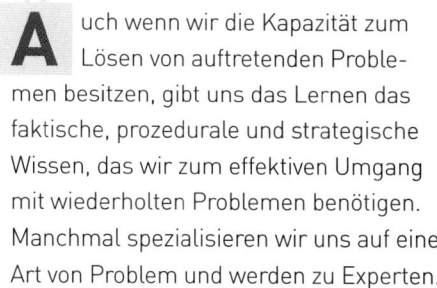

Auch wenn wir die Kapazität zum Lösen von auftretenden Problemen besitzen, gibt uns das Lernen das faktische, prozedurale und strategische Wissen, das wir zum effektiven Umgang mit wiederholten Problemen benötigen. Manchmal spezialisieren wir uns auf eine Art von Problem und werden zu Experten.

Das Lernen beginnt immer mit einem Problem, das es zu lösen gilt. Unser erstes Thema beschreibt einige gängige Strategien. Danach untersuchen wir verschiedene Arten des Lernens.

Instrumentelles Lernen geschieht, wenn wir durch Versuch und Irrtum lernen, dass manche Reaktionen auf ein Problem effektiv sind und andere nicht. Das Lernen am Modell zeigt, wie wir uns den Aufwand des Lernens aus unseren Fehlern sparen können, wobei auch hier praktische Erfahrung für eine effektive Leistung nötig ist. In anderen Fällen erfordert die Komplexität einer Situation einen kognitiveren Ansatz, zu dem das Testen von Hypothesen oder das aktive Suchen nach neuem Wissen gehören kann.

Manchmal lernen wir auch, ohne dass es uns bewusst ist. Das nennt man implizites Lernen. Wir wissen, wie man sich die Schnürsenkel bindet, ohne dass wir jedes Mal extra daran denken müssen, wie es gemacht wird. Die klassische Konditionierung ist eine Form des einfachen impliziten Lernens, die man bei zahlreichen Spezies beobachten kann. Das Lernen von Sprachen ist eine weitere Form. Es ist komplex und scheint nur beim Menschen vorzukommen.

Auch wenn es viele unterschiedliche Fähigkeiten gibt, gehören zu jeder die gleichen drei Entwicklungsphasen, die mit einer bewussten Einschätzung der Anforderungen beginnen und mit der automatischen Ausführung der Fähigkeit enden.

Zuletzt geht es um das Üben. Wir betrachten wesentliche Aspekte des Übens und entdecken, wie motivierte Lerner in ihrem gewählten Bereich Expertise erlangen.

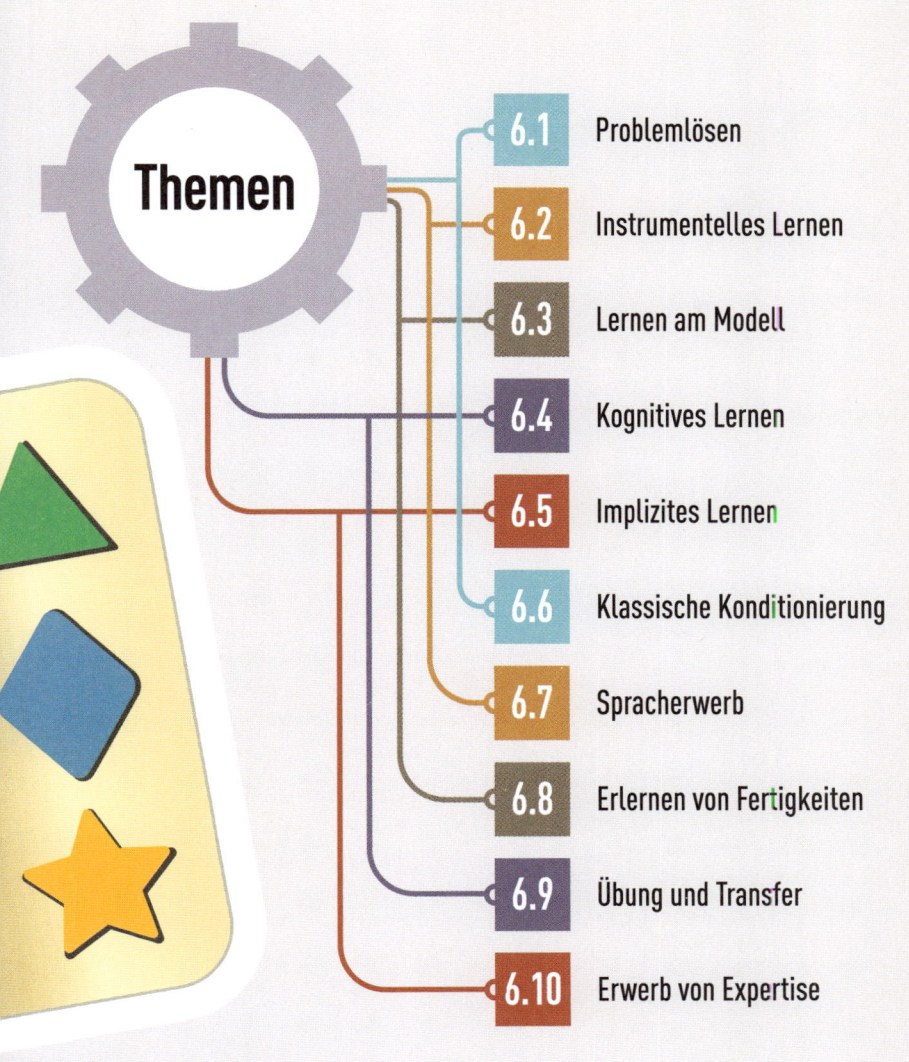

Themen

6.1 Problemlösen

6.2 Instrumentelles Lernen

6.3 Lernen am Modell

6.4 Kognitives Lernen

6.5 Implizites Lernen

6.6 Klassische Konditionierung

6.7 Spracherwerb

6.8 Erlernen von Fertigkeiten

6.9 Übung und Transfer

6.10 Erwerb von Expertise

6.1 Problemlösen

Probleme sind ein unvermeidlicher Teil unseres Alltags. Zum Glück verfügen wir über einige wirksame Strategien, um sie zu lösen.

Probleme können klar definiert sein und eine eindeutige Lösung haben (Sudoku) oder unklar definiert und ohne eindeutige Lösung (Schach). Alltagsprobleme sind meist unklar definiert. Hier sind einige der verwendeten Strategien:

- **Versuch und Irrtum**: Eine Reihe von anfänglich zufälligen Reaktionen, die von ihren Ergebnissen beeinflusst werden – z. B. wenn man herauszufinden versucht, wie ein neues Gerät funktioniert. Siehe Thema 6.2.

- **Problemlösen durch Einsicht**: Eine plötzliche Erkenntnis der Lösung, der Aha-Moment, gefolgt von der Umstrukturierung des Problems.

- **Problemlösen durch Analogien**: Ein aktuelles Problem wird mittels einer früher bereits erfolgreichen Lösung für ein ähnliches Problem gelöst. Zum Beispiel behandelt man eine schwierige Person wie Monate zuvor eine ähnliche Person.

Es dauerte 40 Jahre, bis ein Schachcomputer (Deep Blue) entwickelt war, der den Weltmeister Gary Kasparov im Jahr 1997 besiegen konnte.

Im Jahr 1959 entwickelten Allen Newell und Herbert Simon die Software „General Problem Solver". Das Programm gestaltete das Problemlösen als Reihe von Prozessen, die vom anfänglichen Problemzustand durch einen Problemraum bis zum Zielzustand verliefen. Das erzielte man durch Strategien wie der Mittel-Zweck-Analyse, worin der Weg zum Ziel in überschaubare Teilziele aufgegliedert wird. Wir arbeiten oft auf die gleiche Weise und verwenden eine der oben genannten Strategien – oder eine Kombination daraus.

Das Hobbits-und-Orks-Problem

Drei Hobbits und drei Orks müssen einen Fluss überqueren. Ihr Boot kann nur zwei Wesen aufnehmen. Es dürfen nie mehr Orks als Hobbits an einem Ufer sein. Wie oft überqueren sie den Fluss und in welcher Kombination aus Hobbits und Orks?

Schritt	Ufer 1	Wer sitzt im Boot?		Ufer 2
START	HHHOOO			
1	HHOO	HO	→	HO
2	HHHOO	H	←	O
3	HHH	OO	→	OOO
4	HHHO	O	←	OO
5	HO	HH	→	HHOO
6	HHOO	HO	←	HO
7	OO	HH	→	HHHO
8	OOO	O	←	HHH
9	O	OO	→	HHHOO
10	HO	H	←	HHOO
11		HO	→	HHHOOO

Die Lösung zu diesem Problem erfordert eine Mittel-Zweck-Analyse mit Einsicht bei Schritt 6, der wie ein Schritt zurück erscheint.

6.2 Instrumentelles Lernen

Ob es ein goldener Stern in der Schule oder ein Weihnachtsbonus im Beruf ist – wir lieben Belohnungen für gutes Verhalten. Psychologen nutzen dies zu ihrem Vorteil.

Auf Basis der bahnbrechenden Studien von Edward Thorndike erforschte B. F. Skinner anhand von Tauben die Parameter des instrumentellen Lernens (Lernen durch Versuch und Irrtum; 1948).

Er belohnte eine Taube mit Futter, wenn sie an einem grünen Schlüssel pickte, aber nicht, wenn sie am roten pickte. Irgendwann pickte die Taube nur noch am grünen Schlüssel. Skinner schloss daraus, dass die Belohnung den Zusammenhang zwischen dem angemessenen Stimulus (grün) und der Reaktion (dem Picken) bekräftigte.

Skinner und seine Nachfolger ergründeten diese Idee weiter, um zu sehen, ob instrumentelles Lernen das Verhalten verändern konnte. Sie zeigten, dass Belohnungen das Lernen förderten und Bestrafung das Verhalten unterdrückte. So könnte man auch das unsystematische Verhalten autistischer Kinder konditionieren: Positives Verhalten, z. B. Sozialisieren, wird belohnt, negatives, z. B. Schreien wird ignoriert.

Mittels Biofeedback kann hoher Blutdruck gesenkt werden, indem ein geringerer Druck signalisiert (belohnt) wird.

Manche sagen, dass instrumentelles Lernen immer unbewusst abläuft (siehe Thema 6.5). Erwachsene setzen Versuch und Irrtum jedoch bewusst zum Problemlösen ein (siehe Thema 6.1). Es zeigt sich auch in Token-Systemen (Belohnungssystemen), wenn die Beteiligten mitmachen oder nicht. Token-Systeme sind in Schulen, psychiatrischen Kliniken und Gefängnissen mit unterschiedlichem Erfolg im Einsatz.

Sieben Elemente eines Token-Systems

Bei der Arbeit mit autistischen Kindern muss das folgende Programm von allen Betreuern die ganze Zeit umgesetzt werden. Es ist extrem fordernd.

ZIELVERHALTEN	Auswahl der erwünschten Verhaltensweisen, die bestärkt werden sollen.
ARTEN VON TOKENS	Auswahl der Tokens, die als konditionierte Verstärker dienen (z. B. Sternsticker).
TAUSCH-VERSTÄRKER	Zeigen der Verstärker, die gegen Tokens getauscht werden (Süßigkeiten, Freizeit).
VERSTÄRKUNGSPLAN	Festlegen eines Plans für das Verteilen von Tokens (z. B. für richtige Antworten).
TAUSCH-KRITERIUM	Entscheiden, wie viele Tokens ein Verstärker kostet.
ZEIT/ORT FÜR DEN TAUSCH	Festlegen einer Zeit und eines Orts für den Tausch von Tokens gegen Verstärker.
ANTWORTKOSTEN	Einsatz einer Strafe: Bei unangemessenem Verhalten werden Tokens weggenommen.

Das sind die grundlegenden Richtlinien für ein Token-System nach Miltenberger (2008). Sie wurden mit autistischen Kindern im Sinn verfasst.

6.3 Lernen am Modell

Wir alle haben Vorbilder – Menschen, deren Verhaltensweisen oder Fähigkeiten wir nacheifern. Wir beobachten sie und lernen dabei.

Das Lernen durch Beobachtung anderer ist äußerst nützlich. Der Beobachter kann sich dadurch sinnvolle Verhaltensweisen und Fähigkeiten aneignen und andere ignorieren. Dieses „Lernen am Modell" hilft bei der Vermeidung von Risiken und minimiert die Wahrscheinlichkeit des Versagens.

Eine wichtige Arbeit von Albert Bandura zeigte, dass Kinder die Aggression eines Vorbilds (das Modell) gegenüber einer großen Puppe imitierten (1977). Weitere Experimente ergaben, dass die Nachahmung geringer war, wenn das Verhalten des Modells bestraft wurde. Es machte jedoch keinen Unterschied, ob das Verhalten belohnt wurde oder nicht. Bandura vermutete, dass die Wahrscheinlichkeit der Imitation davon abhing, ob das Verhalten im Gedächtnis enkodiert wurde (siehe Thema 5.4) und ob ein ausreichendes Motiv vorlag.

Lernen am Modell kommt bei vielen Spezies vor. Ob es geschieht, liegt an Faktoren wie dem Status des Tiers in seinem Rudel, dem Geschlecht und dem Alter – des Beobachters und des Modells. Tiere werden vom Verhalten der Mehrheit, von erfolgreichen Einzeltieren und von ihrer Sippe beeinflusst.

Junge Makaken können allein durch die Beobachtung der Angst ihrer Eltern selbst eine Angst vor Schlangen entwickeln.

Menschen erwerben mit dieser Art des Lernens motorische und kognitive Fähigkeiten, wie etwa das Schreiben. In beiden Fällen lernt der Beobachter etwas über die Struktur und Koordination der Fähigkeit, einschließlich der Fehlererkennung. Danach gilt es nur noch, die Fähigkeit zu perfektionieren.

Bedingungen für das Lernen am Modell

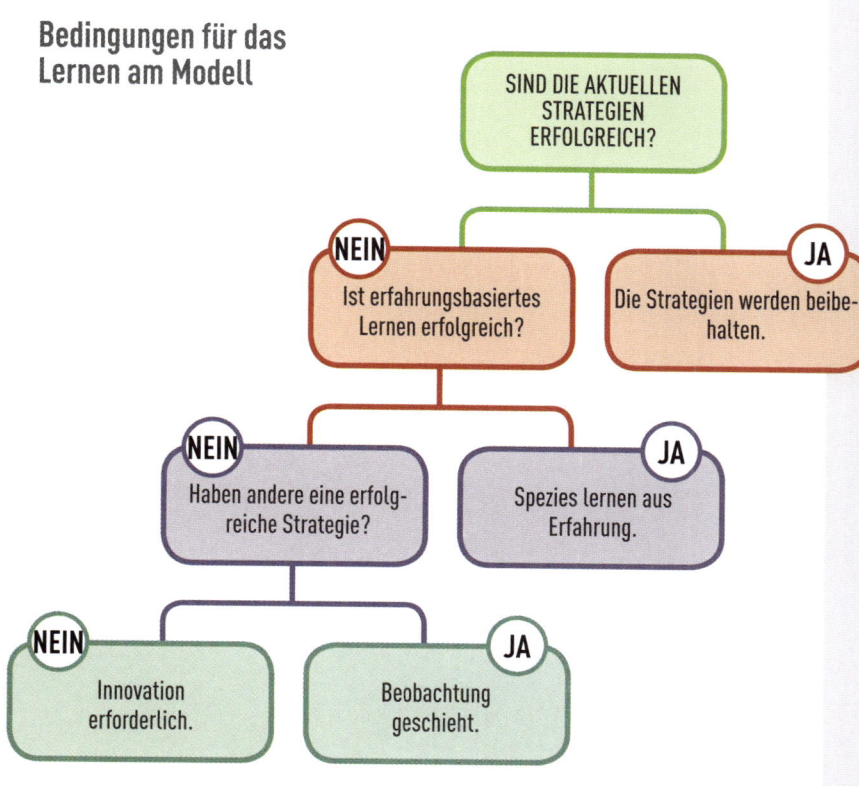

Dieser Entscheidungsbaum zeigt, wann das Lernen am Modell am wahrscheinlichsten geschieht (nach Laland, 2004, abgeändert). Er zeigt nicht den tatsächlichen Entscheidungsprozess einer Person.

6.4 Kognitives Lernen

Wissen Sie noch, wie Sie in der Schule unterrichtet wurden? Die Lehrer halfen Ihnen, durch die Aneignung des Lernstoffs zu lernen.

Beim kognitiven Lernen nutzt man bewusst Strategien, um neues Wissen zu erlangen. Der Schwerpunkt liegt hierbei auf **Hypothesenprüfung** und der **Assimilation** von neuem Material.

Menschen lernen oft, indem sie Hypothesen formulieren und überprüfen. Ein Ballwerfer probiert z. B. mehrere Würfe aus, um die Schwächen des Schlagmanns herauszufinden. Mithilfe von Beobachtung und vorhandenem Wissen wird eine Hypothese formuliert und an neuen Indizien getestet. Dann wird die Hypothese akzeptiert, verworfen oder korrigiert. Menschen suchen aktiv nach Indizien, die eine Hypothese stützen, und ignorieren oder verwerfen Indizien, die dagegen sprechen. Das zeigt sich deutlich im täglichen Leben.

Die Assimilation von konzeptionell komplexem Stoff ist bei Schülern jedes Alters eine Strategie des kognitiven Lernens. Führt jemand die folgenden Schritte aus, benötigt man nicht einmal eine Absicht, zu lernen. Dazu gehört:

Das systematische Testen wissenschaftlicher Theorien beginnt oft mit einem Laborunfall – wie beim Penizillin und bei der klassischen Konditionierung.

- das Verstehen des Lernstoffs
- das Organisieren des Stoffs, sodass die unterschiedlichen Komponenten miteinander verknüpft werden
- das Eingliedern des neuen Stoffs in vorhandenes Wissen
- das Überprüfen der Kenntnis des Stoffs.

Die Assimilation und die Hypothesenprüfung sind nur zwei Methoden des kognitiven Lernens.

Concept-Maps

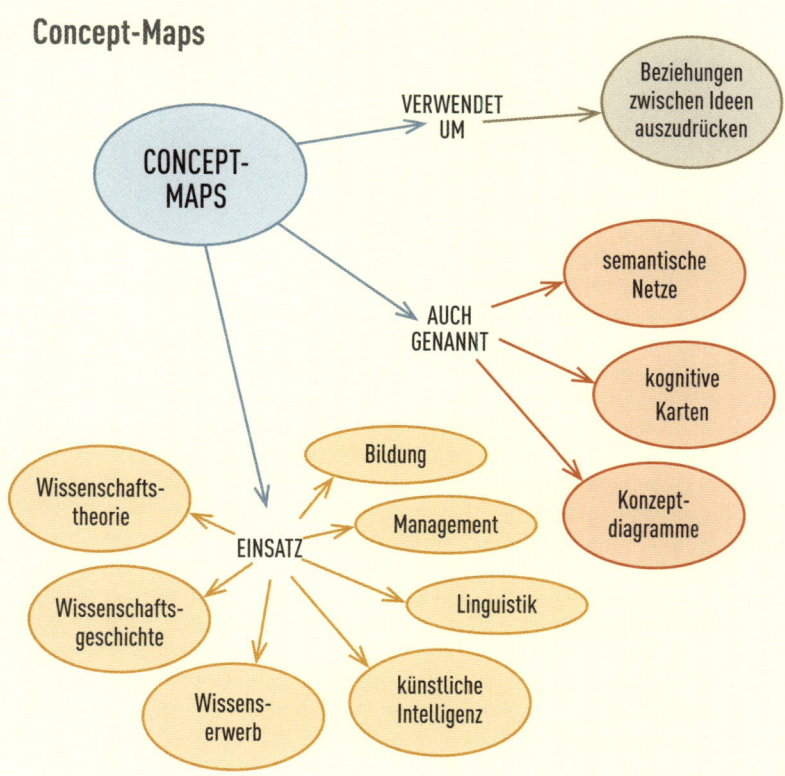

Eine Concept-Map über Concept-Maps! Die auf Seite 140 genannten Prinzipien des kognitiven Lernens untermauern die populäre Technik des Erstellens von Konzeptdiagrammen.

6.5 Implizites Lernen

Jedes Mal, wenn Sie einen Knopf an einem Hemd, einem Rock oder einer Hose zumachen, müssen Sie nicht extra daran denken, wie es gemacht wird.

Die klassische Konditionierung und das instrumentelle Lernen bei Tieren lassen darauf schließen, dass man auch lernen kann, ohne zu wissen, was gelernt wird. Bei Menschen ist das **implizite Lernen** nicht so leicht zu beweisen, da immer die Möglichkeit besteht, dass wir uns des Lernens bewusst sind.

- Die Treffertaktiken von Basketballspielern sind von vergangenen Erfolgen oder Misserfolgen beeinflusst. Die Spieler selbst sind sich dessen aber nicht bewusst.

- Als Kinder und Erwachsene lernen und nutzen wir hunderte Konzepte meisterhaft. Das machen wir jedoch ohne Lernabsicht und in vielen Fällen können wir das gelernte Konzept nicht einmal definieren.

- Eine künstliche Grammatik ist ein Regelsystem, das Buchstabenfolgen generiert, so wie die Grammatik einer Sprache Sequenzen aus Wörtern bildet. Die Teilnehmer lernen, grammatikalisch korrekte von falschen Folgen zu unterscheiden, ohne die Regeln der Grammatik beschreiben zu können.

Beteiligte eines Gesprächs sind sich oft nicht bewusst, dass sie ihre Aufmerksamkeit auf andere daran anpassen, wie stark diese ihnen zustimmen.

- Bei einem Wettervorhersage-Experiment mussten die Teilnehmer lernen, aus Informationen zu Bewölkung und den letzten Regenfällen Regen vorherzusagen. Die Vorhersagen wurden mit der Zeit immer treffender, aber die Personen konnten nicht erklären, warum (Knowlton et al., 1996).

Die involvierten Prozesse sind noch nicht identifiziert, aber die genannten Beispiele deuten auf implizites Lernen hin.

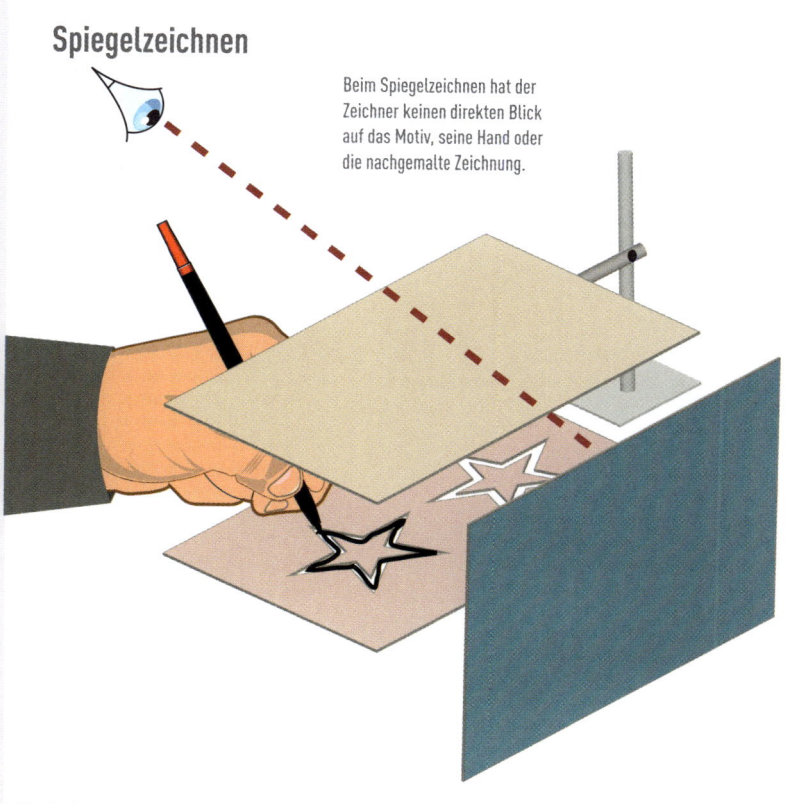

Spiegelzeichnen

Beim Spiegelzeichnen hat der Zeichner keinen direkten Blick auf das Motiv, seine Hand oder die nachgemalte Zeichnung.

Spiegelzeichnen ist eine prozedurale Fähigkeit, bei der man mit Übung besser wird – man lernt. Der Amnesiepatient H. M. erlernte in einem Experiment in sechs Monaten die Fähigkeit, konnte sich aber an nichts davon erinnern.

6.6 Klassische Konditionierung

Wird Ihr Hund unruhig, wenn er das Öffnen einer Dose hört?

Ein berühmtes Beispiel klassischer Konditionierung ist das Experiment des Nobelpreisträgers Iwan Pawlow, der beobachtete, dass der Anblick von Futter bei Hunden den Speichelfluss auslöste (1890er). Den Speichelfluss konnte man auch durch einen neutralen Reiz – dem Klang einer Glocke – auslösen, wenn der Ton wiederholt beim Zeigen von Futter ertönte. Schließlich speichelten die Hunde auch ohne Futter.

Die klassische Konditionierung ist vielleicht auch die Basis einiger Phobien. Wie im Fall von „Little Albert" im Experiment von J. B. Watson (1920). Das Kleinkind entwickelte eine Angstreaktion auf pelzige Objekte und Tiere, nachdem ein lautes Geräusch mit einem zuvor neutralen pelzigen Stimulus kombiniert worden war. Viele häufigen Phobien betreffen jedoch Objekte oder Situationen, die überlebenstechnisch bedrohlich sein könnten – z. B. Schlangen oder Höhen – und daher nicht unbedingt als neutraler Stimulus gelten. Diese Phobien sind vielleicht nur extreme Ausprägungen normaler Reaktionen.

Aßen Patienten vor der Chemotherapie, die Übelkeit hervorruft, entwickelten sie eine Aversion gegenüber den konsumierten Lebensmitteln.

Die Prinzipien der klassischen Konditionierung wurden unter anderem zur Behandlung von Phobien angewandt. Dabei wird versucht, die Assoziation zwischen Stimulus und Angst mittels Konditionierung aufzulösen, sodass der Reiz keine Angst mehr auslöst. Eine Person mit einer Insektenphobie würde demnach lernen, die Angstreaktion – z. B. erhöhter Pulsschlag und Schwitzen – durch eine ruhige Reaktion mit normalem Puls, ohne Schwitzen, zu ersetzen.

Pawlowscher Hund

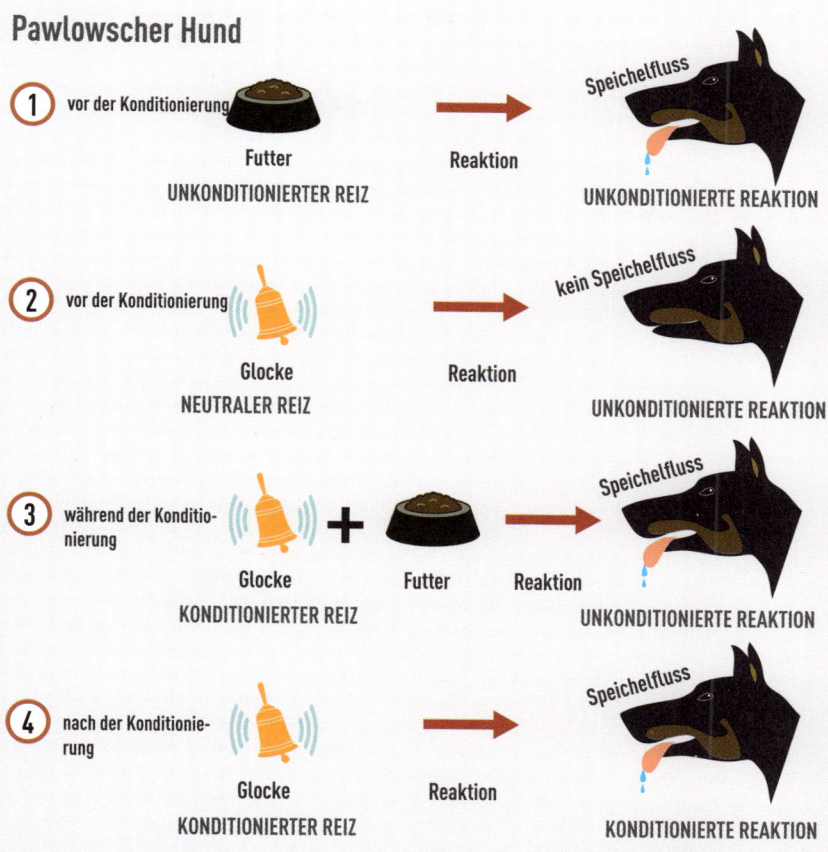

1. vor der Konditionierung

   Futter
   UNKONDITIONIERTER REIZ

   Reaktion

   Speichelfluss
   UNKONDITIONIERTE REAKTION

2. vor der Konditionierung

   Glocke
   NEUTRALER REIZ

   Reaktion

   kein Speichelfluss
   UNKONDITIONIERTE REAKTION

3. während der Konditionierung

   Glocke
   KONDITIONIERTER REIZ
   +
   Futter

   Reaktion

   Speichelfluss
   UNKONDITIONIERTE REAKTION

4. nach der Konditionierung

   Glocke
   KONDITIONIERTER REIZ

   Reaktion

   Speichelfluss
   KONDITIONIERTE REAKTION

Eine vereinfachte Darstellung des Experiments, das Pawlow mit seinen Hunden ausführte. Die Illustrationen zeigen die unterschiedlichen Reaktionen während der Versuche.

6.7 Spracherwerb

Kinder eignen sich Sprache mühelos und ohne Anleitung an. Wie machen sie das?

Der Sprachwissenschaftler Noam Chomsky entwickelte in den 1960er-Jahren eine der führenden Theorien zum Spracherwerb. Seiner Ansicht nach haben Menschen eine angeborene Fähigkeit zum Erwerb von Wörtern und eines Regelsystems (einer Grammatik) zum Kombinieren dieser Wörter.

Um diese nativistische Theorie zu stützen, beruft sich Chomsky darauf, dass wir kleine Kinder beim Sprechen zwar korrigieren, aber ihnen keine ausdrücklichen Regeln für den Aufbau von Sätzen beibrigen.

Im Einklang mit Chomskys Ansicht ergab die Forschung der letzten 50 Jahre, dass man nichtmenschlichen Primaten die Anwendung einfacher Satzstrukturen beibringen kann. Dafür benötigt es jedoch jahrelanges intensives Training und sie erwerben maximal die Kompetenz von zwei- bis dreijährigen Kindern. Für Psychologen bleiben beim nativistischen Ansatz jedoch zu viele Fragen offen.

Bereits in den ersten vier Lebensjahren werden Kinder zu beeindruckenden Sprechern, ohne dass man es ihnen ausdrücklich beibringt.

Stattdessen konzentriert man sich bei der Suche nach einer Erklärung auf das linguistische, konzeptuelle und soziale Umfeld eines Kindes. Heute vermutet man, dass die Sprache der Bezugsperson („Mutterisch") durch die Verwendung einfacher Wörter, kurzer Sätze und übertriebener Aussprache zum Spracherwerb beiträgt. Dadurch lernen Kinder unterschiedliche Wortarten und den Aufbau von Sätzen.

Der sprechende Schimpanse? Dieses Bild zeigt Nim Chimpsky, Versuchstier eines Sprachexperiments. Seine Trainer bestritten die über Washoe und andere Affen gemachte Aussage, dass Primaten eine einfache Grammatik anwenden konnten (Terrace et al., 1979).

6.8 Erlernen von Fertigkeiten

Egal, ob Sie jonglieren, Schach spielen oder stepptanzen: Eine neue Fertigkeit lernt man in drei Phasen.

Dem Fitts-Anderson-Modell des Fertigkeitserwerbs (1982) zufolge werden Fertigkeiten immer in drei Phasen erlernt, unabhängig davon, um welche Fertigkeit es sich handelt.

- Phase 1: kognitive Phase – Einschätzung der Aufgabe. Was ist das Ziel? Welche Regeln gibt es? Welche Komponenten gibt es? Dann wird versucht, die Elemente zu kombinieren. Zum Beispiel, indem beim Schach die Züge und Regeln gelernt werden oder beim Golfspielen die Haltung des Schlägers und des Körpers.

- Phase 2: assoziative Phase. Die einzelnen Komponenten der Fertigkeit werden durch Übung zu funktionierenden Kombinationen und Abfolgen vereint (siehe Themen 6.9 und 6.10). Im Auto z. B. wird aus Gang einlegen, Blick in den Spiegel, Handbremse lösen, Gas treten und losfahren eine Abfolge, bei der man immer weniger nachdenken muss.

- Phase 3: automatische Phase – nach umfangreichem Üben. Die Fertigkeit wird nun im „Autopilot"-Modus ausgeführt. Oft kann der Ausführende gleichzeitig etwas anderes machen – zum Beispiel ein Auto fahren und dabei sprechen.

Profigolfer wissen, dass das bewusste Nachdenken über eine automatisierte Fertigkeit deren Ausführung stark beeinträchtigen kann.

Die betreffenden Fertigkeiten können sich stark unterscheiden – etwa Spanisch sprechen und Jonglieren. Der Prozess aus Einschätzung, Übung und Autopilot untermauert jedoch alle Fertigkeiten, die man lernen kann.

Fertigkeitstypen

Fertigkeit	Beispiele
motorisch	Fahrrad fahren
perzeptuell-motorisch	technisches Zeichnen, Tennis
kognitiv-motorisch	ein Instrument spielen, Chirurgie
kreativ	Malen, Choreografie, Literatur
kognitiv	Programmieren, Schach
akademisch	Mathematik, Physik, Englisch

Die Fertigkeitstypen können grob in sechs Gruppen eingeteilt werden:
motorisch, perzeptuell-motorisch, kognitiv-motorisch, kreativ, kognitiv
und akademisch.

6.9 Übung und Transfer

Die Geschwindigkeit des Lernens und die Permanenz des Gelernten werden vom Ausmaß und von der Art des Übens beeinflusst.

Für langfristiges Lernen ist das Üben unverzichtbar. Es reduziert die gemachten Fehler und die Zeit, die man für die Ausführung der Aufgabe benötigt. Die Auswirkungen des Übens zeigen sich in der Lernkurve gegenüber. Sie zeigt die drei Phasen des Lernens einer Fertigkeit (siehe Thema 6.8).

Die Art des Übens ist wichtig. Beim **verteilten Üben** übt man in mehreren kurzen Einheiten und das Gelernte ist permanenter als beim **gehäuften Üben**, das aus einer langen Einheit besteht. Das gilt für viele Fertigkeiten, von Sportarten bis zum Lernen einer Fremdsprache und dem Lösen von Rechenaufgaben. Dennoch wird Ihnen jeder Schüler versichern, dass das Büffeln im letzten Moment kurzfristig effektiv ist.

Es gibt auch noch **vermischtes Üben** und **geblocktes Üben**. Eine Tänzerin, die eine komplexe Choreografie lernt, wird sich langfristig besser daran erinnern können, wenn sie die verschiedenen Komponenten als Abfolge übt (vermischtes Üben). Kurzfristigen Erfolg erzielt sie aber vielleicht besser mit geblocktem Üben, bei dem jede Komponente separat geübt und automatisiert wird.

Ein Mann benötigte neun Jahre und tausende Stunden, bis er *Das verlorene Paradies* (10 565 Zeilen) auswendig aufsagen konnte.

Es scheint möglich zu sein, etwas Gelerntes von einer Fertigkeit auf die andere zu übertragen und dadurch Zeit und Mühe zu sparen. Es gibt plausible Hinweise darauf, dass das Üben von wissenschaftlichem Denken und Forschungsmethoden das logische Schlussfolgern von Lernenden verbessert.

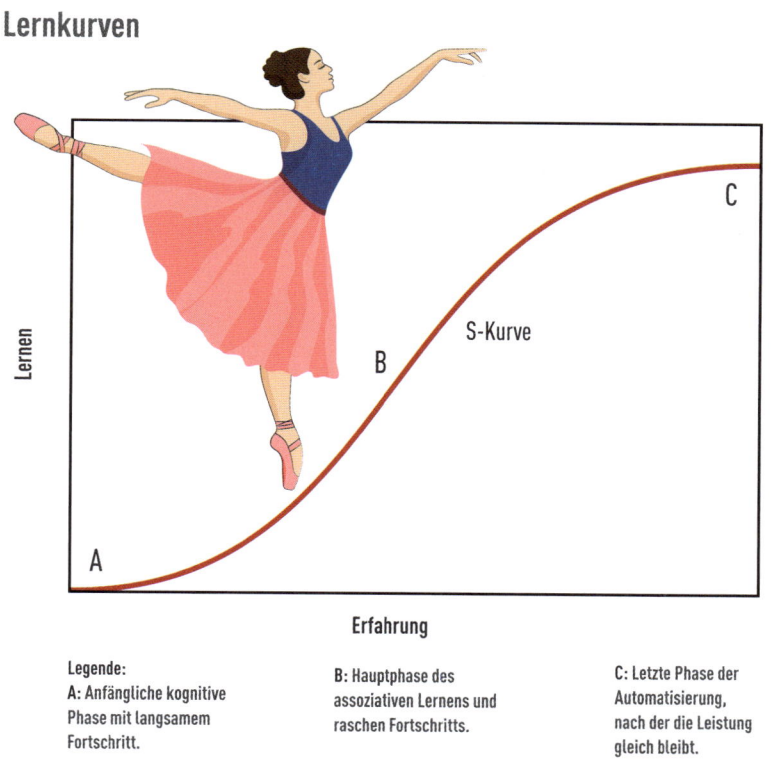

Lernkurven

Lernen (vertical axis)

S-Kurve

A

B

C

Erfahrung (horizontal axis)

Legende:
A: Anfängliche kognitive Phase mit langsamem Fortschritt.

B: Hauptphase des assoziativen Lernens und raschen Fortschritts.

C: Letzte Phase der Automatisierung, nach der die Leistung gleich bleibt.

Die idealisierte Lernkurve zeigt die drei Hauptphasen des Fertigkeitserwerbs. Ein Kind, das mit Ballett beginnt, wird diese Lernphasen durchmachen – ebenso wie eine geübte Ballerina, die eine neue Choreografie lernt.

6.10 Erwerb von Expertise

Wurde ein Experte der Physik mit außergewöhnlichem Talent geboren oder strengt er sich einfach mehr an?

Experten hält man allgemein für das Ergebnis aus Ehrgeiz, harter Arbeit und einer spezifischen genetischen Fähigkeit (siehe Thema 8.5). Diese Beschreibung passt auf Schachmeister, Athleten und Nobelpreisträger.

Seit den 1990er-Jahren vertritt Anders Ericsson jedoch die kontroverse Ansicht, dass Experten in Wirklichkeit durch einen frühen Einstieg in die Materie, Hingabe und intensive Übung entstehen.

Studien mit Schachmeistern, Physikern und Medizinern ergaben, dass Expertenwissen speziell organisiert ist und das sofortige Erfassen von und Reagieren in Situationen ermöglicht. Experten lösen Probleme direkt, statt das Problem aufzuschlüsseln. Expertise ist jedoch meist **domänenspezifisch** und Experten sind außerhalb ihrer Domäne nur durchschnittlich.

Expertise entsteht durch Übung. Studien mit Musikern und Schachspielern ergaben, dass die besten Profis tausende Übungsstunden hinter sich hatten. Außerdem begannen sie ihre Karriere bereits im Kindesalter, wurden von ihren Eltern unterstützt und hatten gute Lehrer.

Obwohl Einstein große Leistungen in der Physik und Mathematik erbrachte, deutete in seiner Schulzeit wenig darauf hin, dass er ein Genie war.

Ericsson betont, dass Experten von ihren Kollegen so betitelt werden, und verlangt eine objektive, messbare Klassifikation der Leistung. Unabhängig von solchen Kriterien muss auch zwischen Expertise (Konzertmusiker) und Genie (Mozart) unterschieden werden.

Übung macht den Meister

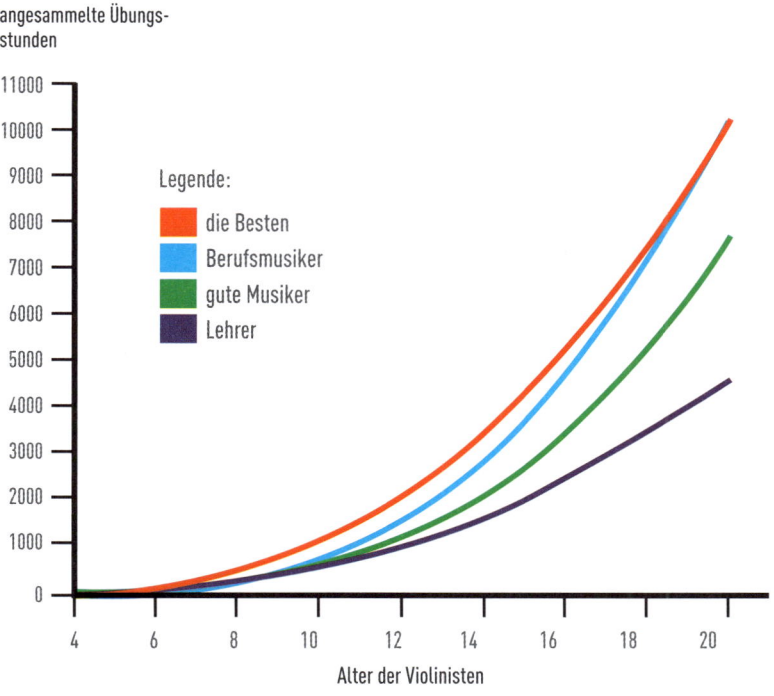

Die geschätzten Übungsstunden von Violinisten, die unterschiedliche
Stufen der Expertise erreichen (Krampe & Tesch-Römer, 1993).

MOTIVATION, STRESS & EMOTION

Dieses Kapitel behandelt drei grobe Bereiche des menschlichen Verhaltens: Motivation, Stress und Emotion.

Es beginnt mit einer Übersicht über die Versuche verschiedener Psychologen, unsere grundlegenden Bedürfnisse und Motivatoren zu verstehen. Wie entscheiden wir, welche Ziele wir im Leben verfolgen?

Dann betrachten wir den Stress – ein Phänomen, mit dem die meisten mehr als vertraut sind. Zuerst ergründen wir die körperlichen Auswirkungen von Stress – die Interaktion zwischen Körper und Gehirn, die wir bei positivem und negativem Stress erleben. Dann betrachten wir verschiedene Arten, eine potenzielle Stresssituation einzuschätzen, und die Phasen, die wir bei der Stressbewältigung durchlaufen.

Weiter geht es mit der Ego-Depletion – das Konzept, dass unsere Selbstkontrolle unsere Selbstregulation bestimmt und bei Erschöpfung aufgeladen werden muss.

Die verschiedenen Motivatoren existieren nicht nur auf rationeller Ebene – wir
sind schließlich auch fühlende, nicht nur
denkende Wesen. Als solche behandeln wir
die physiologischen und psychologischen
Auswirkungen einiger Emotionen, die das
Menschsein charakterisieren. Einige dieser
Emotionen gelten als negativ – Wut und die
verwandten Gefühle Schuld, Scham und
Verlegenheit. Auch zwei positive Emotionen
werden thematisiert: Freude und Liebe.

Schließlich beenden wir das Kapitel mit einem genaueren Blick
auf Situationen, in denen „kalte"
logische Kognition auf „heiße"
emotionale Kognition trifft. Wie
interagieren diese Prozesse
miteinander und welche Rolle
spielen sie in der Erforschung morali-
scher Entscheidungsfindung?

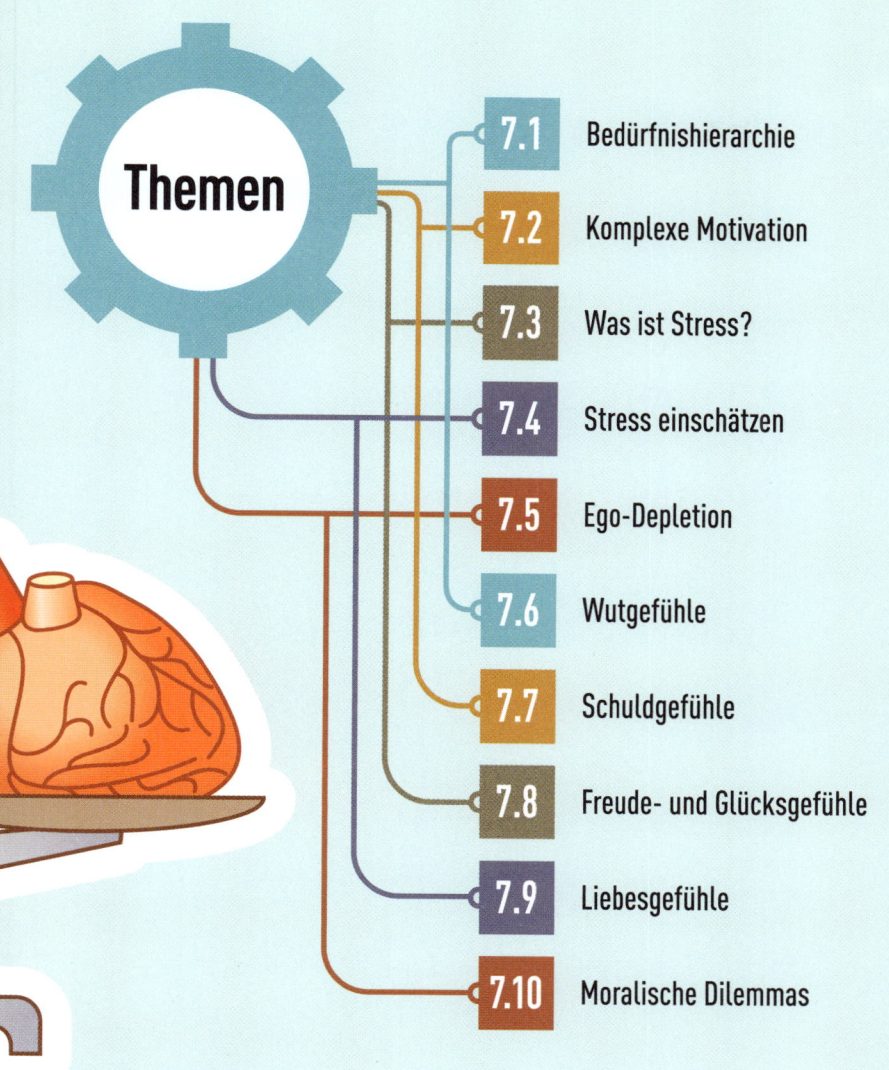

Themen

7.1	Bedürfnishierarchie
7.2	Komplexe Motivation
7.3	Was ist Stress?
7.4	Stress einschätzen
7.5	Ego-Depletion
7.6	Wutgefühle
7.7	Schuldgefühle
7.8	Freude- und Glücksgefühle
7.9	Liebesgefühle
7.10	Moralische Dilemmas

7.1 Bedürfnishierarchie

Was motiviert Sie auf Ihrem Weg zur vollen Entfaltung Ihres menschlichen Potenzials?

Wir haben eine Hierarchie der Bedürfnisse. Sie umfasst körperliche Bedürfnisse nach Essen und Wärme sowie komplexere Bedürfnisse wie die Erfüllung unserer Wünsche.

Abraham Maslow (1943) sagte, dass erst die Grundbedürfnisse befriedigt sein müssen, bevor man sich der nächsten Ebene von Bedürfnissen zuwendet. Zu den Grundbedürfnissen gehören physiologische und Sicherheitsbedürfnisse, Liebe und soziale Zugehörigkeit:

- **Physiologische Bedürfnisse** sind alles, was wir zum Überleben benötigen – Luft, Wasser, Kleidung.

- **Sicherheitsbedürfnisse** beziehen sich auf persönliche und finanzielle Sicherheit und die Gesundheit.

- **Das Bedürfnis nach Liebe und Zugehörigkeit** wird durch soziale Gruppen und Beziehungen mit anderen erfüllt.

Sind diese Bedürfnisse befriedigt, entstehen neue Bedürfnisse. Sie stehen für den Wunsch, sich selbst zu mögen und von anderen gemocht zu werden. In Maslows erstem Modell ist der höchste Motivator von allen die **Selbstverwirklichung** – die komplette Erfüllung des eigenen Potenzials als Mensch.

Goebel und Brown (1981) kamen zum Schluss, dass junge Erwachsene das stärkste Bedürfnis nach Selbstverwirklichung haben.

Die Forschung hat die Existenz dieser Bedürfnisse bestätigt, aber Maslows Theorien sind empirisch schwer zu überprüfen. Sie haben aber viel zur Entwicklung der Bindungstheorie und der positiven Psychologie beigetragen.

Der Weg zur Selbstverwirklichung

höhere Bedürfnisse

Selbst-
verwirklichung

Ansehen

Liebe und Zugehörigkeit

Sicherheit

physiologische Bedürfnisse

niedere Bedürfnisse

Abraham Maslows Bedürfnishierarchie (1943) unterscheidet zwischen höheren und niederen Bedürfnissen. Wie wir uns verhalten, kann von mehreren Bedürfnissen gleichzeitig beeinflusst werden.

7.2 Komplexe Motivation

Unsere Motivation ist oft ein Balanceakt zwischen den Kosten und dem wahrscheinlichen Nutzen.

Einige unserer Handlungen werden direkt von unseren unmittelbaren Bedürfnissen angetrieben (siehe Thema 7.1), aber was motiviert uns darüber hinaus? Victor Vroom entwickelte die Valenz-Instrumentalitäts-Erwartungs-Theorie (VIE, 1964; siehe gegenüber), um die komplexe Motivation zu erklären.

Die VIE-Theorie besagt, dass die Stärke jeder Motivation – z. B. Sport zu machen oder auf eine Party zu gehen – von der Interaktion folgender Faktoren abhängt:

- **Valenz**: Wie erstrebenswert ist die Handlung für die Person? Welchen Nutzen bringt sie?

- **Instrumentalität**: Der Gedanke, dass die Handlung bei erfolgreicher Ausführung den Nutzen bringen wird.

- **Erwartung**: Der Glaube, dass der erforderliche Aufwand eine erfolgreiche Ausführung garantieren wird.

Diese Theorie erklärt, warum wir je nach Situation unterschiedlich handeln. Im Prinzip wägen wir das wahrscheinliche Ergebnis unseres Handelns ab: Wie sehr wollen wir es, wie leicht ist es und wie stehen die Chancen auf Erfolg? Das heißt, dass eine Person einmal durch eine hohe Erfolgsquote bei geringem Aufwand motiviert ist. Das ist die einfache Option. Ein anderes Mal lockt ein großer, aber weniger wahrscheinlicher Erfolg – die harte, aber lohnende Option.

Ein anspruchsvolles, spezifisches Ziel, sofern es erreichbar ist, motiviert in der Regel mehr als ein unklares Ziel.

Die VIE-Theorie beim Eiskauf

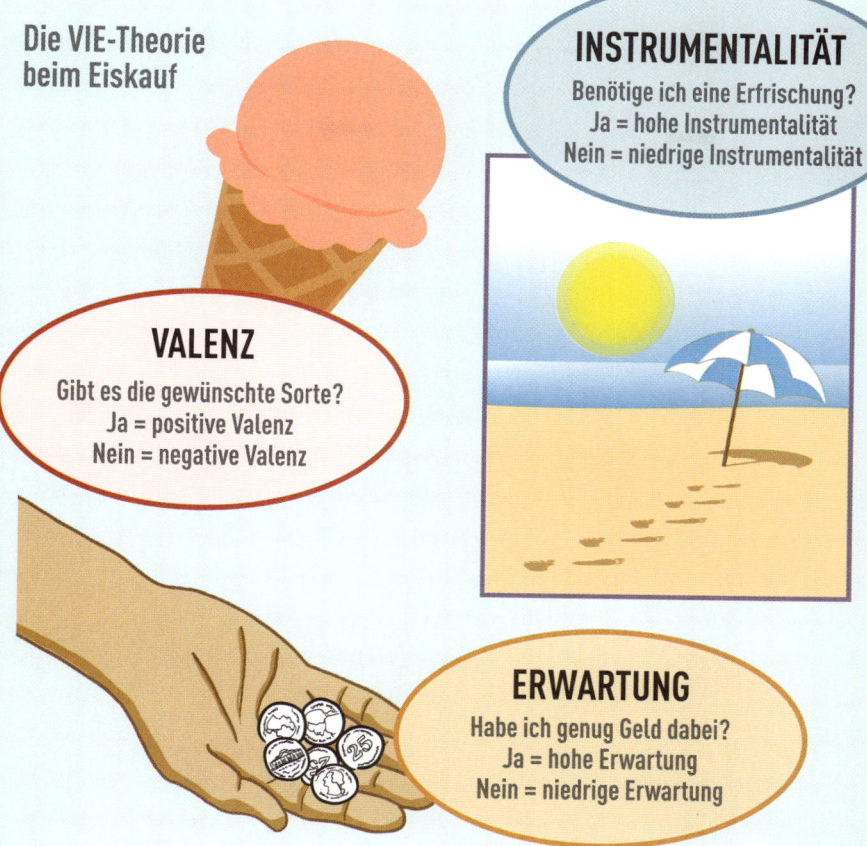

INSTRUMENTALITÄT

Benötige ich eine Erfrischung?
Ja = hohe Instrumentalität
Nein = niedrige Instrumentalität

VALENZ

Gibt es die gewünschte Sorte?
Ja = positive Valenz
Nein = negative Valenz

ERWARTUNG

Habe ich genug Geld dabei?
Ja = hohe Erwartung
Nein = niedrige Erwartung

Manchmal entscheiden wir uns für eine Handlung je nachdem, wie groß unsere Erwartung auf ein lohnenswertes Ergebnis ist. Manchmal basiert die Entscheidung auf der Wahrscheinlichkeit, diese Handlung ausführen zu können.

7.3 Was ist Stress?

Herzrasen, ein gerötetes Gesicht, ein trockener Mund und schwitzige Hände. Wer kennt sie nicht, die typischen Stresssymptome?

Stress ist ein psychischer und körperlicher Erregungszustand, der das Verhalten steuert. Es gibt zwei Arten:

- **Eustress** stellt eine Herausforderung dar und fördert unsere Leistung.

- **Distress** wirkt sich meist negativ aus, hemmt die Leistung und verursacht negative Emotionen wie Angst. Er kann auch den Körper beeinträchtigen und unter anderem zu Herzerkrankungen führen.

Zu den Stressoren zählen das Erleben oder Erwarten von: Krisen und Katastrophen; gravierenden Lebensereignissen (Heirat, Todesfall); und unzähligen alltäglichen Belastungen. Auf körperlicher Ebene gibt es etliche Auswirkungen, die meisten davon werden vom Hypothalamus gesteuert.

Im Fall einer Stressreaktion aktiviert dieser Gehirnbereich die Produktion von Adrenalin – bereit für die „Fight-or-Flight"-Reaktion. Dabei kommt es unter anderem zu erhöhtem Puls, Schweißausbrüchen und anderen Funktionen, die angesichts einer unmittelbaren Gefahr nützlich sein könnten. Auch Cortisol wird ausgeschüttet – es hilft, den Blutzucker stabil zu halten, verringert die Schwellung bei Verletzungen, unterdrückt aber auch die Immunreaktion.

Für viele Menschen ist eine verlangsamte Verdauung mit Appetitverlust eine Reaktion auf langanhaltenden Stress.

Während die körperlichen Reaktionen auf Stress bei jedem gleich sind, hängt die psychische Reaktion vom Einzelnen ab, wie Sie im folgenden Thema lesen werden.

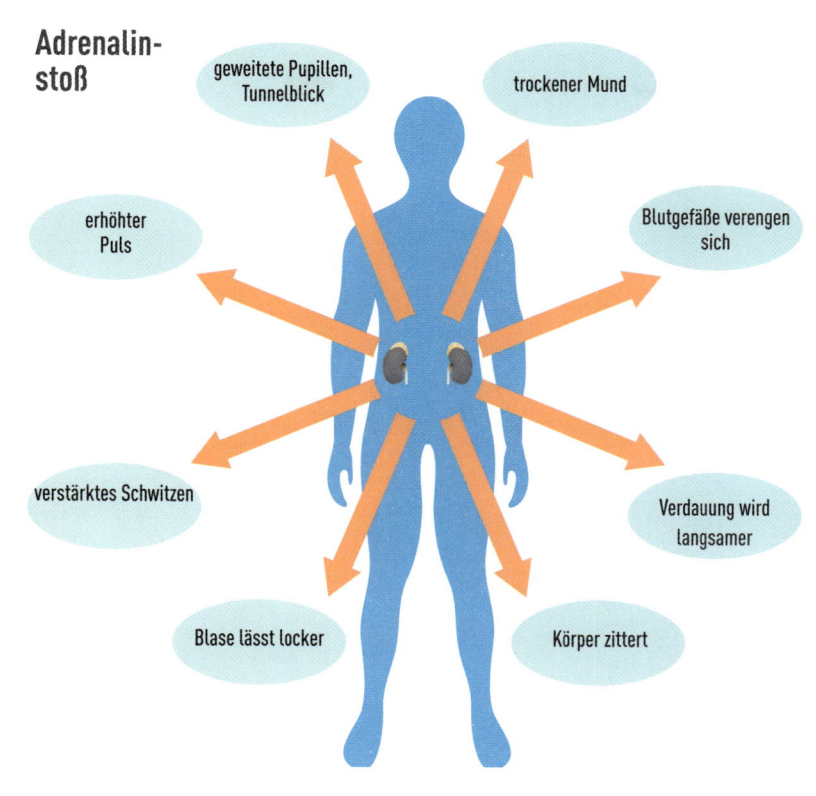

Adrenalin-stoß

geweitete Pupillen, Tunnelblick

trockener Mund

erhöhter Puls

Blutgefäße verengen sich

verstärktes Schwitzen

Verdauung wird langsamer

Blase lässt locker

Körper zittert

Adrenalin wird in der Nebenniere gebildet, die sich direkt über der Niere befindet. Es beeinflusst viele Bereiche des Körpers und macht uns schneller, wachsamer und bereit für die Reaktion „Flucht oder Kampf".

7.4 Stress einschätzen

Sie haben Angst vor Hunden und stehen plötzlich einem zähnefletschenden Rottweiler gegenüber. Was machen Sie?

Warum ist eine Situation stressig für den einen, aber nicht für den anderen? Die transaktionale Stresstheorie von Lazarus und Folkman (1984) versucht, diese Frage zu beantworten. Sie besagt, dass wir beim Einschätzen von Stress bestimmte Strategien anwenden. Wir fragen uns vor allem: Wie wirkt sich diese Situation auf mich aus? Ist sie:

- eine Herausforderung: etwas, das mir nützen kann?
- ein Schaden oder Verlust: etwas, das mir Leid zufügt?
- eine Gefahr: etwas, das mir zukünftig schaden könnte?

Wenn wir die Situation als Gefahr einschätzen, schätzen wir sie ein zweites Mal ein – ob wir sie mit den zur Verfügung stehenden Mitteln bewältigen können. Wenn wir glauben, wir können sie bewältigen, entsteht positiver Stress, wenn nicht, entsteht negativer Stress (siehe Thema 7.3).

Die Bewältigungsstrategien weden auch von diesen Einschätzungen beeinflusst. Wenn wir glauben, die Kontrolle über ein Problem zu haben, werden wir eher problembasiert und lösungsorientiert handeln, um die Situation zu verändern. Wenn wir glauben, die Situation nicht beeinflussen zu können, greifen wir zu emotionsbasierten Strategien, um unsere negativen Emotionen zu reduzieren.

Beide Strategien sind effektiv, um zumindest auf kurze Sicht den Einfluss des Problems zu reduzieren.

Lazarus und Folkmans Fachartikel zu diesem Thema wurde bereits über 36 000 Mal zitiert.

Eine Stresssituation?

DIE SITUATION ENTSTEHT

Ein Junge auf dem Fahrrad hört einen Hund aggressiv bellen.

SZENARIO 1

Der Hund ist außer Sichtweite. Der Junge hat Angst vor Hunden. Weil er den Hund nicht sehen kann, fürchtet er sich noch mehr. Der Junge schätzt den Hund als Gefahr ein.

Sobald der Junge den Hund sieht, erkennt er ihn als den Nachbarshund, der sich wohl verlaufen hat. Der Anblick des Jungen beruhigt den Hund. Bei der zweiten Einschätzung denkt der Junge, dass er die Situation bewältigen kann.

SZENARIO 2

Der Junge kann den Hund nicht sehen, aber das Bellen klingt vertraut. Er denkt, es könnte der normalerweise verspielte Nachbarshund sein und sieht keine Gefahr. Eine zweite Einschätzung ist nicht nötig.

Die Theorie von Lazarus und Folkman besagt, dass wir eine erste Einschätzung zur Gefahr der Situation machen und eine zweite zu unserer Fähigkeit, sie zu bewältigen. Von diesen Einschätzungen hängt ab, ob und wie wir Stress empfinden.

7.5 Ego-Depletion

Widerstehen Sie dem Schokoriegel vor dem Einkaufen, fehlt es Ihnen später vielleicht an Willenskraft, der Verkäuferin zu widerstehen, die Ihnen eine teure Jeans einredet.

Roy Baumeisters Theorie zur Ego-Depletion besagt, dass wenn man in einer Situation Selbstkontrolle aufbringt (z. B. einer Aussage zustimmen, der man lieber widersprechen möchte), man sich in späteren, völlig anderen Situationen (z. B. dem Widerstehen eines Schokoriegels) wahrscheinlich weniger kontrolliert. Oder wenn man mehreren kleineren Versuchungen widersteht, dass man einer größeren, wichtigeren nicht mehr widerstehen kann.

Die Willenskraft wird wie ein Muskel gesehen: Sie kann ermüden, aber auch trainiert werden. Es sieht so aus, als hätten wir für wichtige Situationen Reserven davon. Manche Theoretiker vermuten, dass die Selbstkontrolle mit dem Glukosespiegel im Körper verknüpft ist und Glukose die Willenskraft wieder auffrischen kann.

Andere Modelle führen die Ego-Depletion auf eine veränderte Motivation zurück. Aus dem Verlangen nach Kontrolle wird eines der Belohnung. Die Ego-Depletion wird mit mehreren Faktoren in Verbindung gebracht, darunter:

- reduzierte Schuldgefühle, die Selbstkontrolle erfordern
- verringerte Kalorienzufuhr bei Diäthaltenden
- geringere mentale Entschlossenheit bei Sportlern.

Die Ego-Depletion hängt vielleicht auch vom Alter ab. Der Großteil der Forschung wurde an Studenten durchgeführt und es mangelt an Daten zu Personen über 40.

Die Ego-Depletion kann die Bereitschaft eines Konsumenten erhöhen, mehr für das gewünschte Produkt zu bezahlen.

Der Versuchung widerstehen ... oder auch nicht

Verbraucht man weniger Willenskraft für Kleinigkeiten, hat man mehr Willenskraft für wichtigere Entscheidungen. Zerbricht man sich über Triviales den Kopf, hat man weniger Selbstkontrolle, wenn man sie wirklich braucht.

7.6 Wutgefühle

Jeder von uns kennt die Wut, aber sie ist kompliziert zu definieren.

Gesteigerter Puls und Blutdruck, Reaktionen der Nebenniere und Kurzatmigkeit – die Zeichen einer wütenden Person. Andere Gefühle (z. B. Furcht) werden von ähnlichen körperlichen Symptomen begleitet, aber Wut hat andere Verhaltenskonsequenzen.

Die Mimik der Wut scheint angeboren und in allen Kulturen gleich zu sein: angespannte Lippen, gebleckte Zähne, zusammengezogene, gesenkte Augenbrauen. Der Körper macht sich breiter, mit erhobenen Armen und einer nach vorne gewandten Haltung. Zu den kognitiven Auswirkungen gehören Vorurteile gegenüber anderen, größerer Optimismus und ein geringeres Risikobewusstsein.

Das Verhalten reicht von passiver Aggression (jemanden ignorieren) bis zu unkontrollierter Gewalt. Wissenschaftler untersuchen die Merkmale solcher Reaktionen. Ephrem Fernandez bestimmte sechs Dimensionen der Wut, die unterschiedlich ausgeprägt sein können: Richtung, Ursachen, Reaktion, Merkmale, Impulsivität und Objektivität (2008).

Wütende Menschen halten sich bei der Einschätzung anderer eher an Stereotypen.

Es gibt auch einfachere Klassifizierungen, aber Wut ist ein komplexer Zustand. Trainings zur Aggressionsbewältigung, meist eine **kognitive Verhaltenstherapie** (KVT), können helfen. Dabei geht man davon aus, dass Wutreaktionen auf falschen Einschätzungen von Situationen (siehe Thema 7.4) basieren und ein verändertes Denken zu mehr Kontrolle führt.

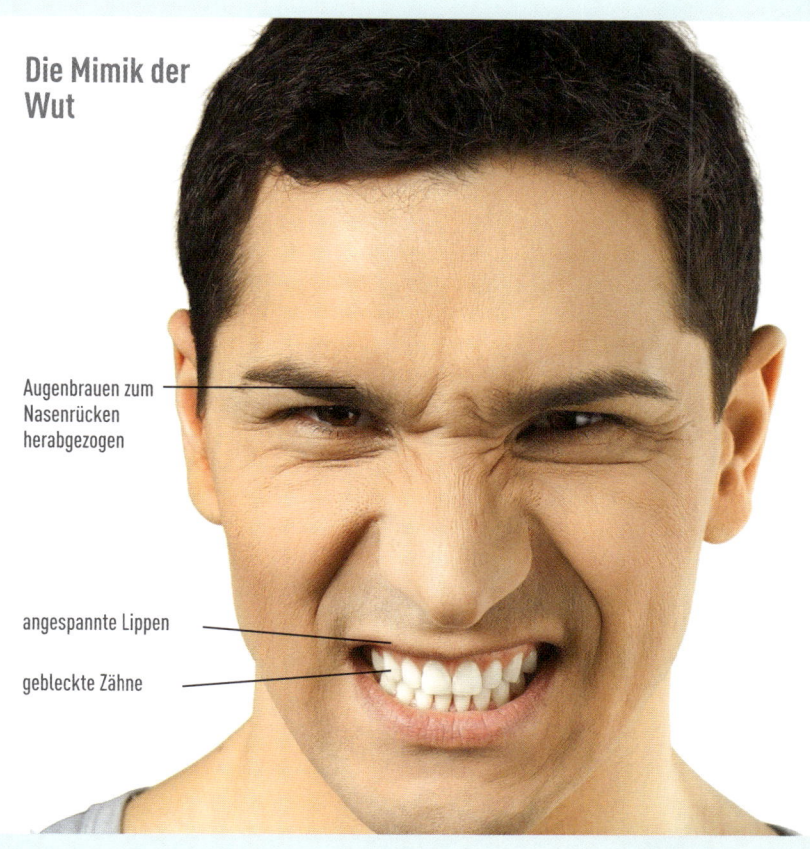

Die Mimik der Wut

Augenbrauen zum
Nasenrücken
herabgezogen

angespannte Lippen

gebleckte Zähne

Es ist schwer, die Wut genau zu definieren, aber KVT-ähnliche Ansätze können Menschen helfen, ihre Reaktion auf wuterzeugende Situationen sowie auch das darauf resultierende Verhalten zu kontrollieren.

7.7 Schuldgefühle

Wenn wir zeigen, dass wir uns schuldig oder beschämt fühlen, reagieren die von uns beleidigten Personen fast automatisch wohlwollender.

Wir sind soziale Wesen, die hauptsächlich in der Gruppe gedeihen. Das Gefühl der Schuld scheint dafür da zu sein, unser Verhalten zu regulieren.

Auch Scham und Verlegenheit spielen dabei eine Rolle. Durch Scham zeigen wir Reue für Taten, die soziale Normen verletzen. Verlegenheit zeigt, dass solche Taten nicht notwendigerweise mit Absicht geschehen. Diese Gefühle scheinen nicht angeboren, aber in allen Kulturen vorhanden zu sein.

Zur Verlegenheit gehören einige kulturübergreifende Gesichtsmerkmale, unter anderem das Erröten, die Vermeidung von Augenkontakt und das Senken des Blicks nach unten oder links. Diese Ausdrücke helfen dabei, negative Reaktionen bei anderen zu mildern. Zum Beispiel strafen Menschen andere, die sich verlegen zeigen, weniger stark. Auch Schuldgefühle fördern in Experimenten die spätere Kooperation – selbst bei jenen, die ein solches Verhalten meist vermeiden – und erwartetes Schamgefühl prognostiziert das Einhalten organisatorischer Regeln.

Viele Tiere zeigen Verlegenheit mit Gesicht und Körper, aber das Erröten scheint nur beim Menschen vorzukommen.

Obwohl diese Emotionen überall auf der Welt existieren, variiert ihr Ausmaß in verschiedenen Kulturen. Emiko Kobayashi und Kollegen zeigten in ihren Studien, dass japanische Arbeiter mehr Schamgefühl durch das Brechen von Regeln erwarteten als amerikanische Arbeiter (2001).

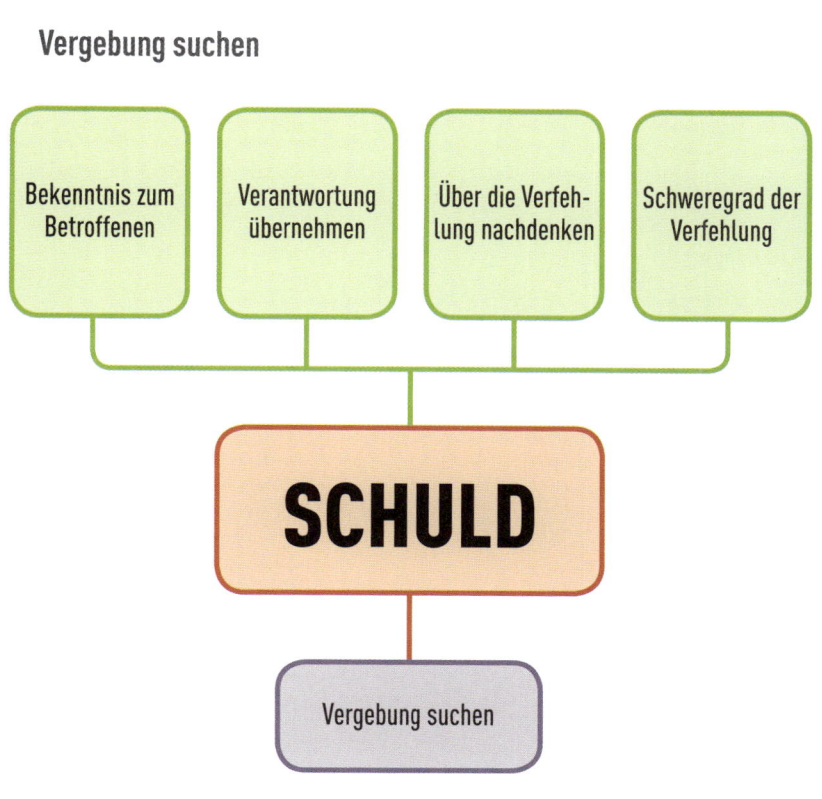

Laut Reik und Kollegen (2014) wird Schuld durch die Bekenntnis zum Betroffenen, das Übernehmen von Verantwortung für die Verfehlung und das Nachdenken über jene prognostiziert. Je größer die Schuld, desto stärker sucht man die Vergebung.

7.8 Freude- und Glücksgefühle

Es ist schwer zu definieren, aber ein gewisses Wohlbefinden und das Gefühl der Freude gehen Hand in Hand.

Die körperlichen Symptome der Freude sind noch weitgehend ungeklärt. Das Gefühl kann den Körper stimulieren und beruhigen und wird oft mit einer erhöhten Produktion von Endorphinen in Verbindung gebracht. Glück ist ähnlich, aber meist weniger intensiv, dafür langfristiger – mehr eine Gemütslage als eine Emotion.

Freude zeigt sich nicht immer, aber häufig, durch Lächeln und Lachen. Ein echtes Lächeln wird als Duchenne-Lächeln bezeichnet. Dazu gehören hochgezogene Mundwinkel, erhöhte Wangen und Falten um die Augenwinkel. Oft dauert es nur kurz. Neugeborene haben noch kein Duchenne-Lächeln, das sich erst nach 6–8 Wochen als Reaktion auf soziale Stimuli zu entwickeln beginnt.

Positive Emotionen wie Freude und Glück sind noch nicht so gut erforscht wie negative Emotionen. Dank der sogenannten positiven Psychologie verändert sich das aber. Diese Strömung erlangte 1998 Popularität, als der führende Psychologe Martin Seligman aufzeigte, wie stark sich die Psychologie auf psychische Erkrankungen konzentriert, statt zu versuchen, das Leben aller Menschen zu verbessern.

Simuliert man die Aktivierung der Muskeln, die am Duchenne-Lächeln beteiligt sind, kann das die Stimmung heben.

Fast 20 Jahre später hat diese Disziplin zur Erforschung positiver Emotionen und Befindlichkeiten geführt, zum Beispiel des Gefühls des „Flow", das man empfindet, wenn alles mühelos und „glatt" verläuft.

Das Duchenne-Lächeln

Falten an den Augenwinkeln

erhöhte Wangen

hochgezogene Mundwinkel

Wir lächeln viel, aber nur das Duchenne-Lächeln ist ein echtes Lächeln. Es ist auch eine der ersten Kommunikationsformen von Babys.

7.9 Liebesgefühle

Sind Sie ein leidenschaftlicher oder ein kameradschaftlicher Liebhaber? Vielleicht sind Sie beides. Ihre Gefühle hängen von der Art Ihrer Beziehung ab.

Wissenschaftler fanden heraus, dass die Verliebtheit andere biologische Reaktionen erzeugt. Das Empfinden von Liebe erzeugt die Aktivität der damit verbundenen Neurotransmitter wie Dopamin und Oxytocin (siehe Thema 2.4). Laut Elaine Hatfield kann man Liebe in zwei Gruppen teilen (1987):

■ Leidenschaftliche Liebe: Zu ihr gehören tiefe, intensive Gefühle und oft Symptome wie eine erhöhte Herztätigkeit und andere körperliche Erregungsmerkmale.

■ Kameradschaftliche Liebe: Hierbei sind die Gefühle tief, aber körperlich weniger stimulierend.

Kameradschaftliche Liebe kann aus leidenschaftlicher Liebe entstehen und ist typischerweise beständiger.
Wie lange die Liebe anhält, ist in verschiedenen Kulturen unterschiedlich. Im Jahr 2012 betrug die Scheidungsquote in Belgien pro Person 2,81, in Singapur 1,3. Auch arrangierte Ehen und Liebesheiraten variieren. Die Sozialforscher Usha Gupta und Pushpa Singh berichten, dass die Liebe in Liebesehen anfänglich stärker ist als in arrangierten Ehen, aber dass sich die Liebe in Liebesehen nach 2–5 Jahren verringert, während sie in arrangierten Ehen für über zehn Jahre weitgehend beständig bleibt (2009).

Zweifellos kann Liebe andauern, aber das variiert je nach Beziehung und Umständen.

Der Forschung zufolge aktiviert der Anblick von Bildern, die romantische Liebe zeigen, Belohnungsbahnen im Gehirn.

Sechs Liebesstile

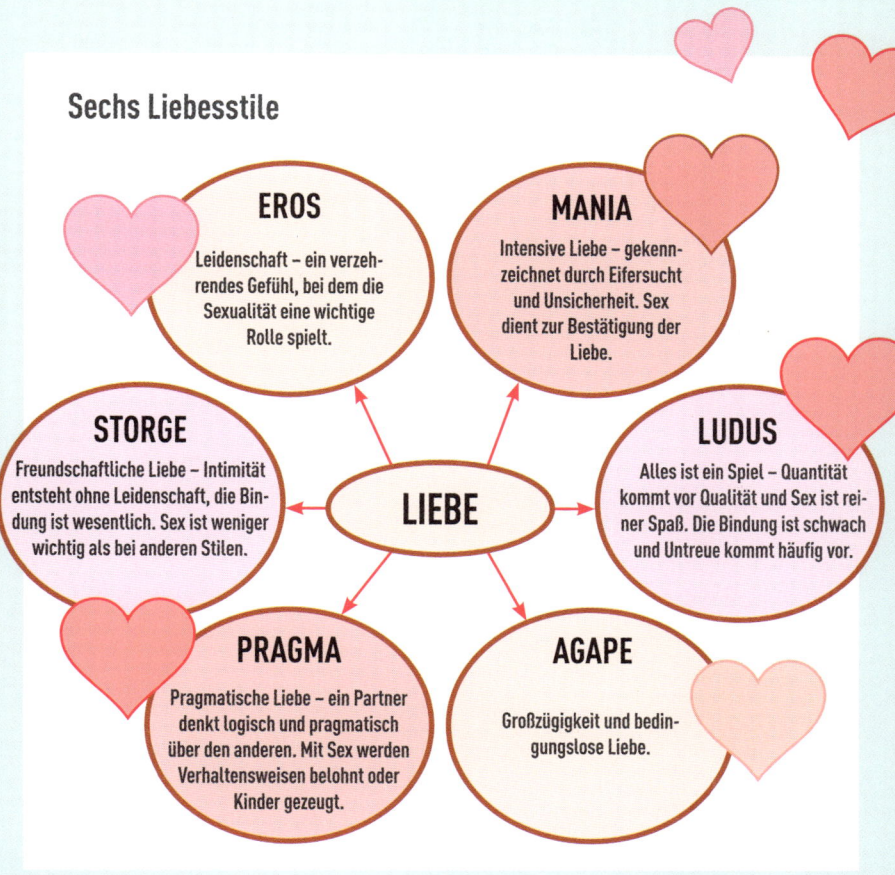

EROS

Leidenschaft – ein verzehrendes Gefühl, bei dem die Sexualität eine wichtige Rolle spielt.

MANIA

Intensive Liebe – gekennzeichnet durch Eifersucht und Unsicherheit. Sex dient zur Bestätigung der Liebe.

STORGE

Freundschaftliche Liebe – Intimität entsteht ohne Leidenschaft, die Bindung ist wesentlich. Sex ist weniger wichtig als bei anderen Stilen.

LIEBE

LUDUS

Alles ist ein Spiel – Quantität kommt vor Qualität und Sex ist reiner Spaß. Die Bindung ist schwach und Untreue kommt häufig vor.

PRAGMA

Pragmatische Liebe – ein Partner denkt logisch und pragmatisch über den anderen. Mit Sex werden Verhaltensweisen belohnt oder Kinder gezeugt.

AGAPE

Großzügigkeit und bedingungslose Liebe.

In den 1980er-Jahren argumentierten Wissenschaftler wie John Alan Lee, Clyde Hendrick und Susan Hendrick, dass es viele Arten der Liebe gibt, die alle unterschiedliche emotionale und kognitive Merkmale aufweisen.

7.10 Moralische Dilemmas

Wann und wie setzen wir Emotionen ein, um moralische Dilemmas zu thematisieren?

Wissenschaftler ergründen unser Verhalten mithilfe von Gedankenexperimenten wie den Brücken- und Straßenbahn-Dilemmas, die erstmals 1967 von Philippa Foot entwickelt wurden.

Stellen Sie sich vor, Sie stehen auf einer Brücke und sehen, wie eine Bahn darunter auf eine Gruppe Menschen zurast. Neben Ihnen steht ein dicker Mann. Wenn Sie ihn auf die Gleise schubsen, stoppt er die Bahn, stirbt aber selbst. Würden Sie ihn hinunterstoßen? Nur wenige sagen, sie würden es tun. Stellen Sie sich vor, Sie könnten eine Weiche umstellen, sodass die Bahn den Menschen ausweicht, aber eine einzelne Person auf einem anderen Gleis überfährt. Viele sagen, sie würden die Weiche umstellen.

Warum dieser Unterschied? Studien zufolge ist das aktive Stoßen eines Menschen von einer Brücke mit emotionalen Reaktionen verknüpft, während das Entscheiden für eine Gruppe von Menschen statt eines Einzelnen (wenn beides möglich ist) eine rationalere, kognitive Reaktion ist. Auch das Nachdenken über das Brücken-Dilemma scheint emotionale Bereiche im Gehirn zu aktivieren, während das Straßenbahn-Dilemma Bereiche aktiviert, die vorwiegend mit abstraktem Denken assoziiert werden.

Eine Computersimulation, die den Versuchspersonen zeigt, wie das einzelne Opfer auf sein drohendes Schicksal reagiert, reduziert die Häufigkeit, mit der es geopfert wird.

In Varianten dieses Gedankenexperiments ist der dicke Mann böse oder ein geliebter Mensch oder ein Kind.

Was würden Sie tun?

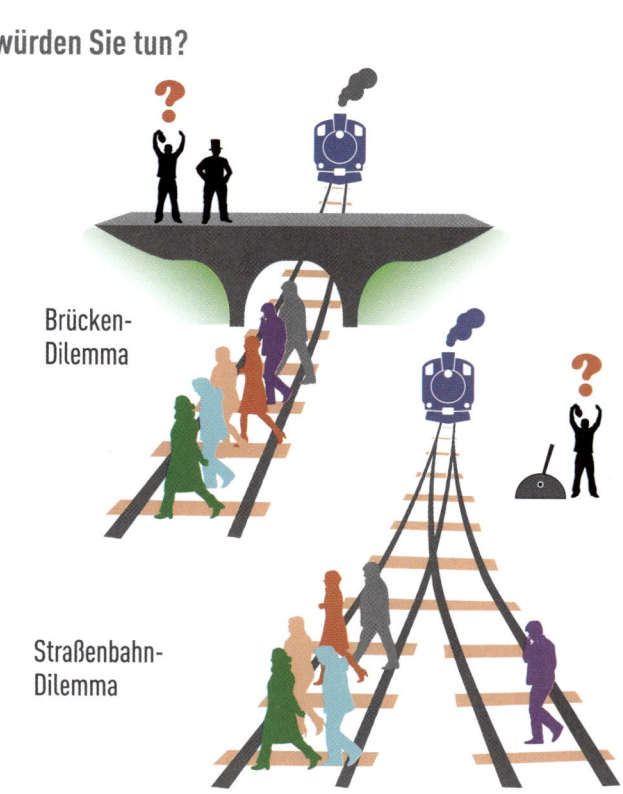

Brücken-
Dilemma

Straßenbahn-
Dilemma

Das Brücken- und das Straßenbahn-Dilemma sind scheinbar ähnlich, aber erzeugen unterschiedliche kognitive und neurologische Reaktionen. Diese wiederum erzeugen unterschiedliche Verhaltensabsichten.

GRUPPEN & INDIVIDUEN

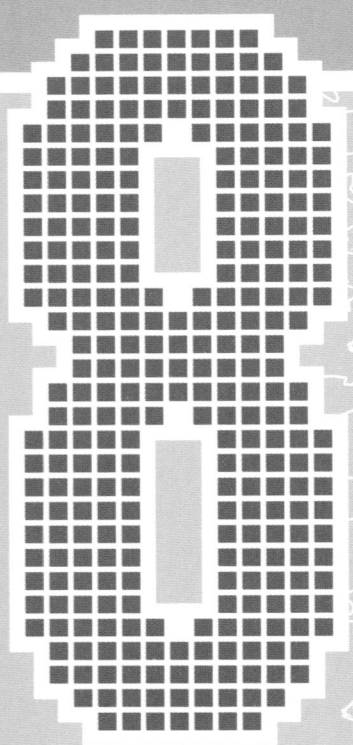

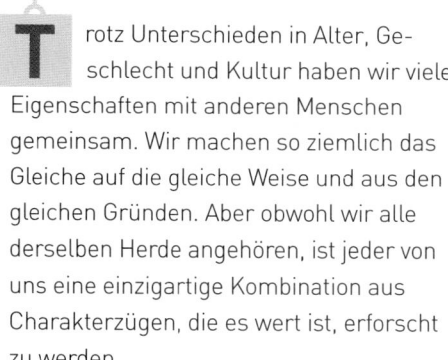

Trotz Unterschieden in Alter, Geschlecht und Kultur haben wir viele Eigenschaften mit anderen Menschen gemeinsam. Wir machen so ziemlich das Gleiche auf die gleiche Weise und aus den gleichen Gründen. Aber obwohl wir alle derselben Herde angehören, ist jeder von uns eine einzigartige Kombination aus Charakterzügen, die es wert ist, erforscht zu werden.

Diese Charakterzüge sind der Schwerpunkt dieses Kapitels. Wir beginnen mit den Methoden zum Ergründen dieser Einzigartigkeit, darunter das Q-Sort-Verfahren. Einige dieser Methoden wurden zu psychologischen Tests weiterentwickelt, mit deren Hilfe man den Einzelnen mit der Gesamtbevölkerung vergleichen kann. Diese Tests messen unter anderem Vorlieben und Abneigungen, Hoffnungen und Ängste, Fertigkeiten und Intelligenz.

Unterschiede in der Persönlichkeit sind leicht beobachtbar, aber können wir wirklich sicher sein, dass sie biologisch vererbt sind, oder entstehen sie, wenn man sie benötigt, je nach Situation? Sicher ist, dass der allgemeine Faktor der Intelligenz messbar ist und das intellektuelle Potenzial eines Menschen widerspiegeln kann. Ein ergänzendes Konzept zur Intelligenz ist die Eignung: Worin sind wir wirklich gut und was liegt uns weniger?

Zum Ende dieses Kapitels finden sich drei sehr unterschiedliche Themen und ihr Einfluss auf unser Sozialverhalten. Das erste ist Kultur. Warum zum Beispiel beschäftigt sich ein Großteil der psychologischen Forschung nur mit westlichen Kulturen und wie kann ein Ausgleich geschaffen werden? Das zweite Thema fragt nach, ob Gene für geschlechtsspezifische Verhaltensweisen und Sexualität verantwortlich sind. Und das dritte Thema behandelt das, was wir unter normalem Verhalten verstehen. Wann weichen Menschen von dieser Norm ab und werden zu Besonderheiten oder, in Extremfällen, psychisch krank?

Themen

8.1	Individuelle Unterschiede
8.2	Psychologische Tests
8.3	Persönlichkeitsmerkmale
8.4	Allgemeine Intelligenz
8.5	Intellektuelle Eignung
8.6	Emotionale Intelligenz
8.7	Kognitionsbedürfnis
8.8	Kulturelle Einflüsse
8.9	Das soziale Geschlecht
8.10	Psychopathologie

8.1 Individuelle Unterschiede

Ein Großteil der Psychologie ist Herdenpsychologie, aber gibt es auch Merkmale, die uns von der Masse unterscheiden?

Zur Erforschung von Einzelpersonen gibt es mehrere Methoden. Sie identifizieren und dokumentieren Eigenschaften, um festzustellen, inwiefern sich eine Person von ihrer Bezugsgruppe abhebt. Im Folgenden einige der Methoden:

- Der **dimensionale Ansatz**. Hierbei wird eine Person durch standardisierte Fähigkeits- und Persönlichkeitstests mit den Mitgliedern ihrer Bezugsgruppe verglichen, z. B.: Ist die Person schlau, unmotiviert, extrovertiert usw. Dieser Ansatz kommt weitgehend bei der Personalauswahl zum Einsatz (siehe Thema 10.4) und gezielter im Bildungsbereich.

- Der **selbstreferenzielle Ansatz**. Bei der Q-Sort-Technik muss sich die Person 100 Beschreibungen von „nicht zutreffend" bis „typisch" zuordnen (siehe gegenüber), z. B.: „ich bin schüchtern" oder „ich bin ehrgeizig". Diese Methode wird in der klinischen Psychologie und Psychiatrie eingesetzt.

- **Einzelfallstudie**. Aus Befragungen, Beobachtung und standardisierten, maßgeschneiderten Tests wird ein Persönlichkeitsprofil erstellt. Ein Vergleich mit einer Kontrollgruppe zeigt wichtige Unterschiede. Dieser Ansatz wird häufig in der Psychiatrie und der klinischen Neuropsychologie verwendet.

Diese Methoden sind **idiografisch** – sie beschäftigen sich mit Individuen und ihrer Einzigartigkeit. Das ist in der Psychologie selten – sie ist größtenteils **nomothetisch** und sucht meist nach Verallgemeinerungen.

Einsteins Gehirn wurde unerlaubt entfernt, seziert und an Forscher verteilt. Teile davon sind nun im Mütter Museum in Philadelphia ausgestellt, mit Genehmigung der Nachlassverwalter.

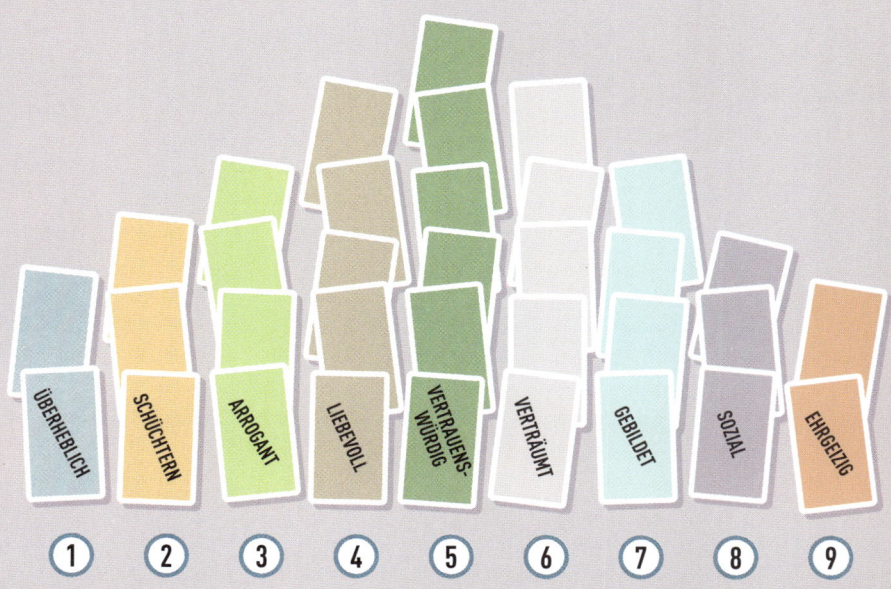

Die Q-Sort-Methode

Bei Q-Sort ordnet sich eine Person Eigenschaften auf einer Skala von 1–9 zu. Die Person im Beispiel schätzt sich als sozial, ehrgeizig und nicht sehr überheblich oder schüchtern ein.

Die Q-Sort-Methode wird in vielen verschiedenen Forschungsbereichen eingesetzt. Sie hilft bei der Einschätzung von Personen, da sie eine völlig subjektive Sichtweise auf die eigenen Eigenschaften bietet.

8.2 Psychologische Tests

Eine gründliche Analyse Ihrer Eigenschaften und Fähigkeiten hilft Psychologen, Sie in die Normalverteilung einzuordnen.

Bei psychologischen Tests wird eine Person anhand ihrer Persönlichkeitsmerkmale, Fähigkeiten, Einstellungen, Fertigkeiten und Verhaltensweisen charakterisiert. Diese Eigenschaften gelten als messbar. Eine Grundannahme ist, dass jede davon in der Gesamtbevölkerung normalverteilt ist (siehe gegenüber).

Die Tests bestehen aus Fragen oder Aussagen, die sich auf jeden Aspekt der betreffenden Eigenschaft beziehen. Ein Test für Extraversion könnte etwa fragen: „Gehen Sie gerne aus?", „Sind Sie gerne allein?" usw. Diese Tests müssen mehrere Kriterien erfüllen:

- Reliabilität: Das Ergebnis bleibt zuverlässig konsistent, wenn dieselbe Person den Test mehrmals macht.

- Validität: Der Test muss das messen, was er zu messen vorgibt, und genaue Prognosen über die Testperson machen können.

- Objektivität: Fähigkeitstests beispielsweise, etwa für Mathematik, zeigen vielleicht intensive Schulbildung, während Persönlichkeitstests anfällig für sozial erwünschte Antworten sind. Solche Tendenzen müssen berücksichtigt werden.

In China ermittelte man schon vor 2000 Jahren mit schriftlichen Tests die Eignung für Ämter im Zivilrecht, im Militär, in der Landwirtschaft oder im Steuerwesen.

Psychologische Tests werden vielfach zur Personalauswahl eingesetzt, um den für den Job passenden Bewerber auszuwählen. Im Bildungswesen werden damit die Fähigkeiten von Kindern ermittelt und in der klinischen Psychologie die Probleme einer Person und die angemessene Behandlung.

Die Normalverteilung

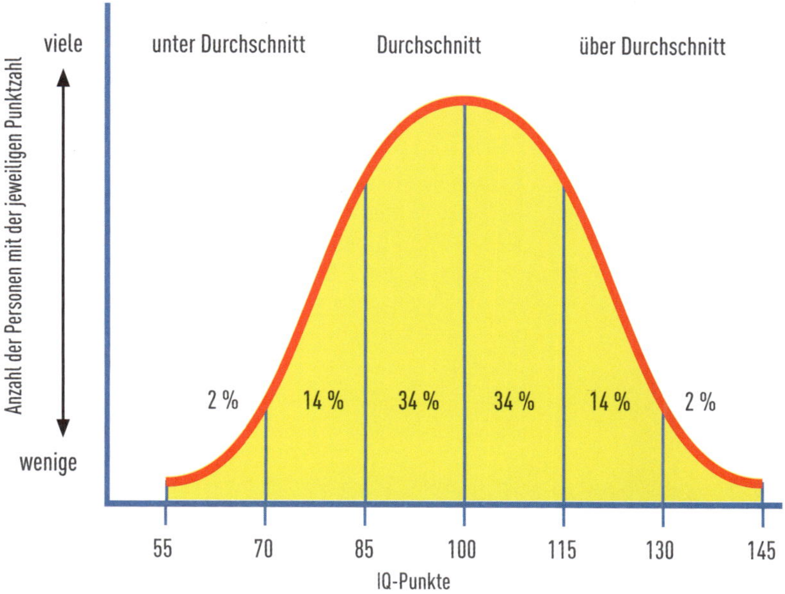

| | unter Durchschnitt | Durchschnitt | über Durchschnitt |

Anzahl der Personen mit der jeweiligen Punktzahl

viele

wenige

2 %   14 %   34 %   34 %   14 %   2 %

55   70   85   100   115   130   145

IQ-Punkte

Dieses Diagramm zeigt unter der Normalkurve die Prozentzahl der
Personen in jedem Segment.

Wenn man einen Test von einer sehr großen Stichprobe machen lässt und die Häufigkeit jeder Punktzahl grafisch darstellt, erhält man eine glockenförmige Kurve. Die meisten Personen liegen in der Mitte, zu den Enden hin werden es immer weniger.

8.3 Persönlichkeitsmerkmale

Was haben Sie für eine Persönlichkeit? Sehen Sie sich die 16 Merkmale auf der nächsten Seite an. Wie viele davon treffen auf Sie zu?

Der Begriff „Persönlichkeit" ist allgegenwärtig. Er hilft beim Beschreiben von Menschen und beim sozialen Miteinander. Allerdings ist es äußerst schwierig, die Persönlichkeit objektiv zu beschreiben und zu messen.

Raymond Cattell zeigte in den 1940er-Jahren das Konzept der Persönlichkeit als hierarchische Struktur. Er verwendete häufige Wörter (lebhaft, ängstlich, vorsichtig) und die statistische Technik der Faktorenanalyse, um 16 Eigenschaften der Persönlichkeit zu identifizieren. Diese reduzierte er auf fünf breitere Faktoren – Vorläufer der allgemein anerkannten **„Big Five"**. Neuere Arbeiten bestimmten mit dieser Technik einen einzelnen Generalfaktor der Persönlichkeit, der sich auf sozial erwünschtes Verhalten bezieht (siehe gegenüber).

Wie kann Persönlichkeit definiert werden? Manche glauben, dass Persönlichkeitsmerkmale eine biologische Basis haben: Ein extrovertierter Mensch muss seinen generell niedrigen Erregungszustand durch soziale Reize heben. Eine andere, ältere Ansicht sah das Verhalten rein situationsbedingt und die Konsistenz des Verhaltens, die Persönlichkeit, als Illusion.

Spätere Forschung ergab jedoch, dass das Verhalten von der Persönlichkeit, der Situation und der Interaktion zwischen beiden Faktoren prognostiziert wird. Das heißt, eine ehrliche Person wird in einer bestimmten Situation weniger versucht sein als eine unehrliche, gibt vielleicht aber dennoch nach.

Extraversion und Verträglichkeit sind die Merkmale, die man am ehesten auch in anderen Tieren finden kann.

Hierarchie der Persönlichkeitsmerkmale

GENERALFAKTOR DER PERSÖNLICHKEIT

soziale Erwünschtheit

DIE „BIG FIVE"-PERSÖNLICHKEITSFAKTOREN

emotionale Stabilität • Extraversion • Offenheit
Verträglichkeit • Gewissenhaftigkeit

CATTELLS 16 PERSÖNLICHKEITSFAKTOREN

Wärme • logisches Schlussfolgern • emotionale Stabilität • Dominanz
Lebhaftigkeit • Regelbewusstsein • soziale Kompetenz • Empfindsamkeit
Wachsamkeit • Abgehobenheit • Privatheit • Besorgtheit
Offenheit • Selbstgenügsamkeit • Perfektionismus • Anspannung

Eine hypothetische Hierarchie der Persönlichkeitsmerkmale. Die Persönlichkeit kann in verschiedenen Detailebenen beschrieben werden. Beim Einschätzen einer Person, etwa bei einer Bewerbung, wird die angemessene Ebene verwendet.

8.4 Allgemeine Intelligenz

Wie schnell finden Sie im Beispiel gegenüber die richtige Karte? Aufgaben wie diese sind oft ein Teil von IQ-Tests.

Die allgemeine Intelligenz (Charles Spearman, 1904) ist der gemeinsame Faktor zum Ermitteln der Leistung beim Verstehen, logischen Schlussfolgern, Problemlösen und Lernen.

Gemessen wird sie mithilfe von zeitlich begrenzten Tests mit abstrakten Problemstellungen, deren Schwierigkeit zunimmt. Ein Beispiel sind Ravens progressive Matrizen (siehe gegenüber). Die Leistung wird als „Intelligenzquotient" (IQ) ausgedrückt, der dann mit der Bezugsgruppe der Testperson verglichen wird. Die Intelligenz, wie sie sich im IQ zeigt, ist in der Normalbevölkerung vermutlich entlang einer glockenförmigen Kurve verteilt (siehe Seite 185).

Aber wie interpretiert man Unterschiede im IQ? Deuten etwa beobachtete Unterschiede zwischen sozialen Gruppen wirklich auf intellektuelle Unterschiede hin? Das wirft weitere Fragen auf, zum Beispiel: Ist die Intelligenz genetisch bedingt? Oder zeigen die Ergebnisse kulturelle Tendenzen und Bildungsunterschiede? Unabhängig von den Antworten darauf ist der IQ eines Menschen zweifellos ein starker Prädiktor für akademische und andere Erfolge im Verlauf des Lebens.

Der IQ der Gesamtbevölkerung ist in den letzten hundert Jahren bedeutend gestiegen.

Eine Kritik am IQ ist, dass er nichts über die Mechanismen hinter den Unterschieden aussagt. Ob ein intelligentes Lösen einer Aufgabe mehr dem Arbeitsgedächtnis (siehe Thema 5.7), besserer Konzentration oder schnellerem Zugang zu Wissen geschuldet ist, muss noch geklärt werden.

Ravens progressive Matrizen

Bei dieser Aufgabe muss die Testperson aus sechs Möglichkeiten das richtige Muster auswählen, das in den leeren Ausschnitt passt. Der Test ist zeitlich begrenzt und wird immer schwieriger. Das Endresultat ergibt den IQ.

8.5 Intellektuelle Eignung

In der Schule bevorzugen wir Fächer, die uns liegen. Unsere Eignung beeinflusst auch unsere Berufswahl als Erwachsene.

Die allgemeine Intelligenz ist nur ein Ansatz zur Erforschung individueller Unterschiede (siehe auch Themen 8.1 und 8.4). Ein ergänzendes Konzept besagt, dass man Menschen auch anhand mehrerer unabhängiger intellektueller Eignungen charakterisieren kann.

Eine Eignung ist die natürliche Begabung, eine Fertigkeit oder Kompetenz zu erwerben. Eine Person mit einer mathematischen Eignung wird sich beim Lernen von mathematischen Fertigkeiten leichter tun als viele andere. Eine Person mit musikalischer Eignung wird leichter ein Instrument lernen usw. Menschen haben unterschiedliche Eignungen, darum geht man davon aus, dass Individuen anhand ihres Eignungsprofils charakterisiert werden können.

Eine breitere Auffassung von Eignung ist Howard Gardners Theorie der multiplen Intelligenzen (1983). Ursprünglich definierte er sieben Intelligenzen, jede mit einigen Berufsbeispielen, die zur betreffenden Intelligenz passen (siehe gegenüber). Gardner sah diese Intelligenzen als unabhängige **biopsychologische** Potenziale an. Diese Idee entspricht der Beobachtung, dass Verletzungen des Gehirns manche Bereiche schädigen, aber andere intakt lassen (siehe Thema 2.6).

Savants sind Menschen mit einer Inselbegabung (z. B. einer musikalischen) und einer tiefgreifenden kognitiven Beeinträchtigung.

Gardners Theorie beeinflusste den Bildungsbereich, aber Kritiker entgegnen, dass seine Intelligenzen (Eignungen) entweder bereits etabliert waren oder improvisiert sind.

Multiple Intelligenzen

INTELLIGENZ	ENDZUSTAND/BERUF
logisch-mathematisch	Forscher, Mathematiker
sprachlich	Dichter, Journalist
musikalisch	Komponist, Violinist
räumlich	Navigator, Bildhauer
körperlich-kinästhetisch	Tänzer, Sportler
interpersonal	Therapeut, Vertreter
intrapersonell	Selbsterkenntnis, Yogi

Gardners multiple Intelligenzen (ca. 1989) und die dazu passenden Arten von Berufen.

8.6 Emotionale Intelligenz

Wie gut können Sie die Gesichter anderer lesen? Ein gutes Verständnis der eigenen Gefühle ist für gelungene Beziehungen unerlässlich.

Emotionale Intelligenz bezieht sich auf eine kognitive Fähigkeit und ein Persönlichkeitsmerkmal. Als solche wird sie in den folgenden beiden unabhängigen Konzepten verkörpert:

- **Fähigkeits-EI** ist die kognitive Fähigkeit, um: Gefühle richtig zu interpretieren; logisch zu denken, wenn Gefühle involviert sind; die Beziehungen zwischen Gefühlen und deren Veränderung zu verstehen; und um Gefühle effektiv steuern zu können. Diese Fähigkeit wird anhand der folgenden Testfrage ermittelt: Ein Manager kritisiert einen Mitarbeiter vor seinem Team. Was glauben Sie, wie sich der Mitarbeiter fühlt? Um die Frage beantworten zu können, ist die kognitive Fähigkeit erforderlich.

- **Persönlichkeits-EI** ist ein Persönlichkeitsmerkmal, das als unabhängig von der intellektuellen Fähigkeit gesehen wird, wie auch andere Persönlichkeitsmerkmale. Dazu gehört die Wahrnehmung des eigenen emotionalen Selbst. Ein Test für dieses Merkmal prüft etwa Anpassungsfähigkeit, emotionale Ausdrucksfähigkeit, soziales Bewusstsein, Optimismus und anderes. Das Merkmal gehört nicht zu den „Big Five", entspricht aber dem Generalfaktor der Persönlichkeit (siehe Thema 8.3).

In Tieren entwickelten sich spezielle Gehirnsysteme zum Verständnis von Identität, sexueller Anziehung und Gefühlszustand.

Die emotionale Intelligenz zeigt, dass Menschen soziale Wesen sind. Ihre Fähigkeit, Beziehungen zu anderen aufzubauen, ist stark abhängig von ihrem Verständnis der Gefühle, die diese Beziehungen beeinflussen.

Wahrnehmung von Gefühlen

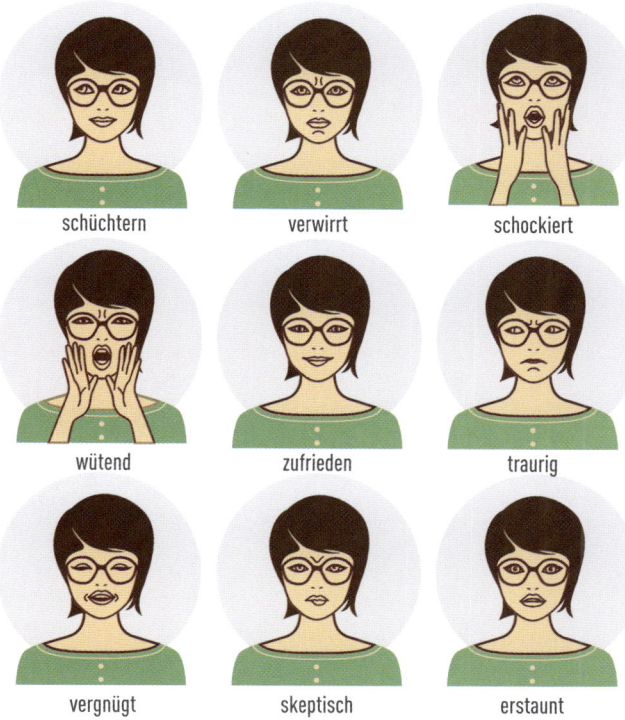

schüchtern	verwirrt	schockiert
wütend	zufrieden	traurig
vergnügt	skeptisch	erstaunt

Die Fähigkeit, Gefühle richtig deuten zu können, ist ein Kennzeichen für emotionale Intelligenz. Unterschiedliche Kulturen deuten grundlegende Gefühle auf die gleiche Weise, was nahelegt, das dieser Aspekt der EI allgemein gültig ist.

8.7 Kognitionsbedürfnis

Verbringen Sie unzählige Stunden mit dem Versuch, die Welt zu verstehen?

Warum müssen manche Menschen viel nachdenken, während andere aufwendiges Denken vermeiden? Psychologen vermuten, dass Menschen ein unterschiedlich starkes Kognitionsbedürfnis haben („need for cognition", NFC).

Menschen mit hohem Kognitionsbedürfnis denken gerne ausgiebing über alles nach, um zu verstehen, was in ihrem und dem Leben anderer vor sich geht. Sie weisen eine oder mehrere der folgenden Verhaltensweisen auf:

- Sie neigen eher dazu, sich von stichhaltigen Argumenten überzeugen zu lassen (siehe Thema 4.4).

- Sie werden weniger von Heuristiken, sondern eher von rationell erscheinenden Informationen beeinflusst (siehe Thema 4.5).

- Menschen mit niedrigem Kognitionsbedürfnis identifizieren sich eher mit Stereotypen, Menschen mit hohem NFC mit Persönlichkeitsmerkmalen – z. B. Offenheit für Erfahrungen und Gewissenhaftigkeit (siehe Themen 4.3 und 8.3).

- NFC wird mit geringeren sozialen Ängsten und der Fähigkeit, sich in Aufgaben zu „versenken" assoziiert.

Menschen mit einem hohen Kognitionsbedürfnis erzeugen eher falsche Erinnerungen (siehe Thema 10.7).

Das Kognitionsbedürfnis ist ein individueller Unterschied, der erklärt, warum manche gern über eine Idee nachgrübeln und andere nicht. NFC erklärt auch einige der kognitiven Auswirkungen (und Verzerrungen), die damit verknüpft sind.

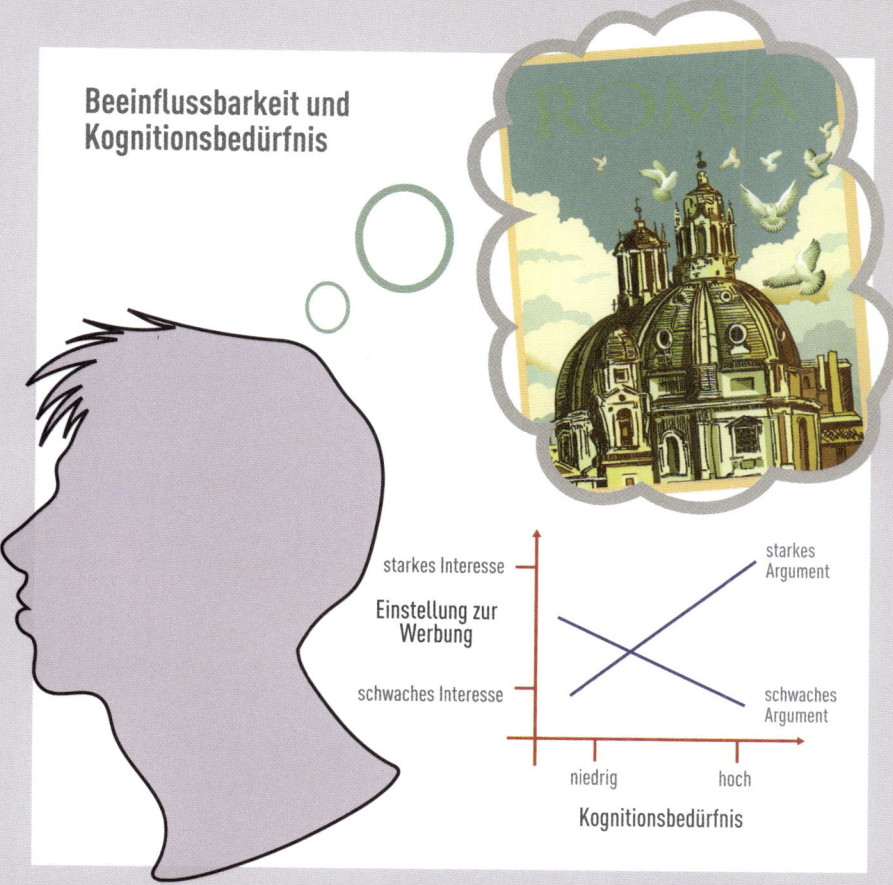

Beeinflussbarkeit und Kognitionsbedürfnis

Beim Anblick einer Werbeanzeige werden Menschen mit hohem Kognitionsbedürfnis eher von starken als von schwachen Argumenten überzeugt. Menschen mit niedrigem NFC etwa gleichermaßen von beiden.

8.8 Kulturelle Einflüsse

Obwohl Kultur in der traditionellen Psychologie wenig berücksichtigt wird, ist sie doch ein bedeutender Faktor.

Joe Heinrich, Steven Heine und Ara Norenzayan erörterten den wesentlichen Kritikpunkt an der Psychologie, dass der Großteil der Forschung an westlichen, gebildeten, wohlhabenden Personen in demokratischen Industrienationen durchgeführt wird. Die Auswirkungen breiterer kultureller Einflüsse werden dabei häufig vernachlässigt.

Hazel Markus und Alana Conner argumentieren in einer Studie zur Kultur, dass uns die Kultur über die „vier Is" beeinflusst, was nicht ignoriert werden darf. Das schließt ein:

■ Wie wir uns als Individuen wahrnehmen.

■ Wie Menschen und soziale Objekte interagieren (durch Kanäle wie Medien, öffentliche Aussagen, Architektur).

■ Die Institutionen, die soziale Normen und Gesetze entwickeln und durchsetzen (Schulen, Kirchen, Regierungen).

■ Die Ideen, die all unseren Einflüssen zugrundeliegen. Und jeder von uns beeinflusst diese Faktoren ebenfalls (und ermöglicht dadurch eine kulturelle Entwicklung).

Im Vergleich zur Weltbevölkerung sind die am häufigsten erforschten demografischen Gruppen oft in vielen Bereichen Sonderfälle.

In Bezug auf das Individuum erzeugt die Kultur wesentliche Unterschiede in Kognition und Verhalten. Forschung zur Attribution z. B. zeigt typischerweise, dass unsere Wahrnehmung bestimmter Verhaltensweisen durch Einstellungen verzerrt wird (siehe Thema 4.5), ein Effekt, der in seltener erforschten Kulturen weitaus geringer vorkommt.

Individualismus und Kollektivismus

Kognition und Verhalten

Individualismus
Unabhängigkeit
Aufgaben und Belohnungen für den Einzelnen
Eigenverantwortung

Kollektivismus
Interdependenz
Aufgaben und Belohnungen für das Team
Verantwortung für andere

Kultur

Kollektivistische und individualistische Kulturen haben unterschiedliche Ansichten des Selbst und des individuellen Handelns. Sie beeinflussen das Denken und Verhalten. Ein Verständnis dieser kulturellen Auswirkungen ist für das völlige Verständnis psychologischer Phänomene unerlässlich.

8.9 Das soziale Geschlecht

Ist die Geschlechtsidentität biologisch vorgegeben oder durch soziale Einflüsse konstruiert?

Das biologische Geschlecht beinhaltet Merkmale, die männliche und weibliche Individuen einer Spezies unterscheiden. Das soziale Geschlecht oder „Gender" ist komplexer, da es auch soziale Vorstellungen von „Geschlecht" einschließt, genauso wie die individuelle Wahrnehmung des eigenen Geschlechts und wie die jeweilige Person es darstellt. Lange Zeit sah man das Geschlecht nur als biologisches Konzept an.

In der neueren Zeit wird es immer häufiger mit unserer sozialen Identität (siehe Thema 4.10) in Verbindung gebracht. Der biologische Ansatz betont den Einfluss der Gene und betrachtet Unterschiede als messbar und unkontrollierbar. Zu diesen Unterschieden gehören einige Aspekte der Kognition und Fertigkeiten. Das ist jedoch keine vollständige Erklärung und es gibt auch kaum Belege dafür. Wissenschaftler suchten auch nach Beweisen für spezifische Unterschiede zwischen Männern und Frauen in Bereichen wie Motorik, Sprachgebrauch und Intelligenz. Dabei kam man zu keinem eindeutigen Ergebnis.

Kritische Sozialpsychologen sehen in Aussagen wie „Jungs sind nun mal Jungs" ein Beispiel für geschlechtsspezifische Sozialisation.

Im Gegensatz dazu sieht der Ansatz der sozialen Identität das Geschlecht durch die Übertragung von Normen, Werten, erwarteten Verhaltensweisen usw. geformt. Demnach beeinflussen solche Gender-Schemata unser Verhalten weitaus stärker. Aufgrund dieser Spannung zwischen biologischen und sozialen Einflüssen ist das Geschlecht ein wesentlicher Aspekt der „Nature-Nurture"-Debatte (siehe Thema 1.10).

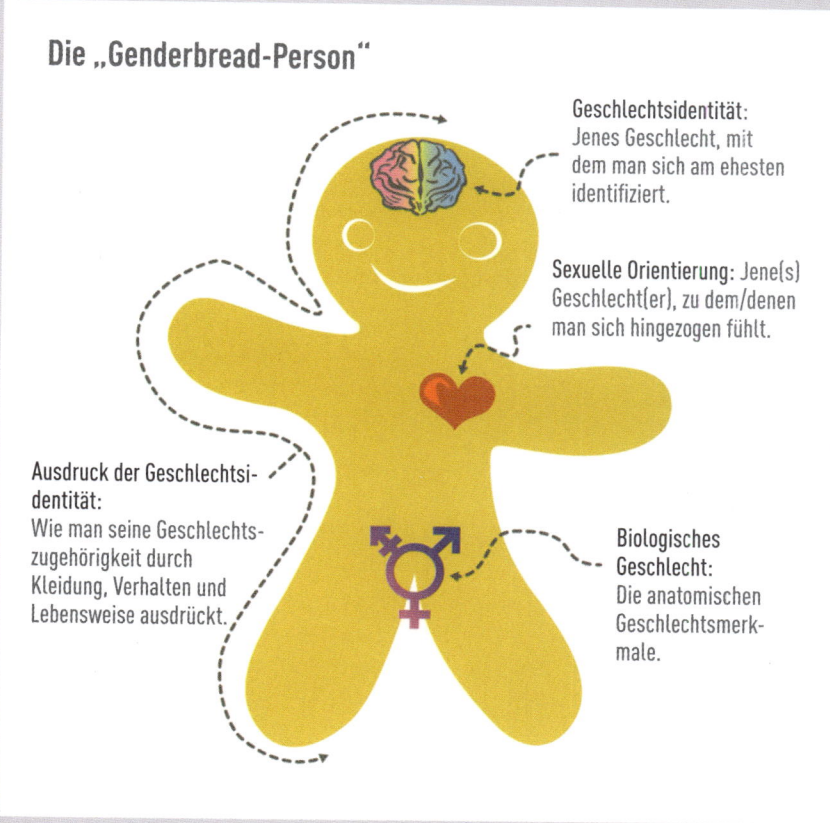

Die „Genderbread-Person"

Geschlechtsidentität: Jenes Geschlecht, mit dem man sich am ehesten identifiziert.

Sexuelle Orientierung: Jene(s) Geschlecht(er), zu dem/denen man sich hingezogen fühlt.

Ausdruck der Geschlechtsidentität: Wie man seine Geschlechtszugehörigkeit durch Kleidung, Verhalten und Lebensweise ausdrückt.

Biologisches Geschlecht: Die anatomischen Geschlechtsmerkmale.

Sam Killermanns Genderbread-Person zeigt die Komplexität des Versuchs, Geschlecht und Sexualität zu erklären. Neben – oder trotz – der Anatomie muss man auch die Geschlechtszugehörigkeit und sexuelle Anziehung berücksichtigen.

8.10 Psychopathologie

An welchem Punkt wird aus Schwierigkeiten beim Aufbau von Beziehungen eine Persönlichkeitsstörung?

Die Annahme, dass jedes Merkmal normalverteilt ist (siehe Thema 8.2), bedeutet, dass die Menschen an den Enden der Kurve statistische Besonderheiten sind und, zum Beispiel, eine sehr hohe oder sehr niedrige Intelligenz aufweisen. Von ihnen gibt es nur wenige.

Ein wichtiges Thema ist die Frage, wann eine Person aus diesem Extrem in die **Psychopathologie** übergeht. Zum Beispiel wann jemandes bedrückte Stimmung Grund zur Sorge wird.

Einerseits versuchen Kliniker und Pädagogen die Person im Vergleich zu ihrer Peergroup einzuschätzen. Aber sie müssen auch beurteilen, ob die beobachteten Merkmale die Kriterien einer psychischen Krankheit erfüllen. Dieser Prozess verlässt sich stark auf die gegenwärtigen Theorien zur Erkrankung.

Tests spielen hierbei eine große Rolle. Das Minnesota Multiphasic Personality Inventory ist ein umfassender Test für Persönlichkeit und Psychopathologie und beinhaltet Bereiche wie antisoziales Verhalten, Suizid-/Todesgedanken, Schüchternheit und psychotische Tendenzen. Andere Tests sind spezifischer ausgerichtet.

Zweifellos ist die Grauzone zwischen Normalität, Besonderheit und Psychopathologie schwer zu navigieren, aber die Problembehandlung erfolgt mit zunehmend präziseren Diagnosemethoden und Fortschritten bei den Theorien.

Erkrankungen wie Psychosen und Depressionen wurden bereits in der Antike beschrieben.

Besonderheit

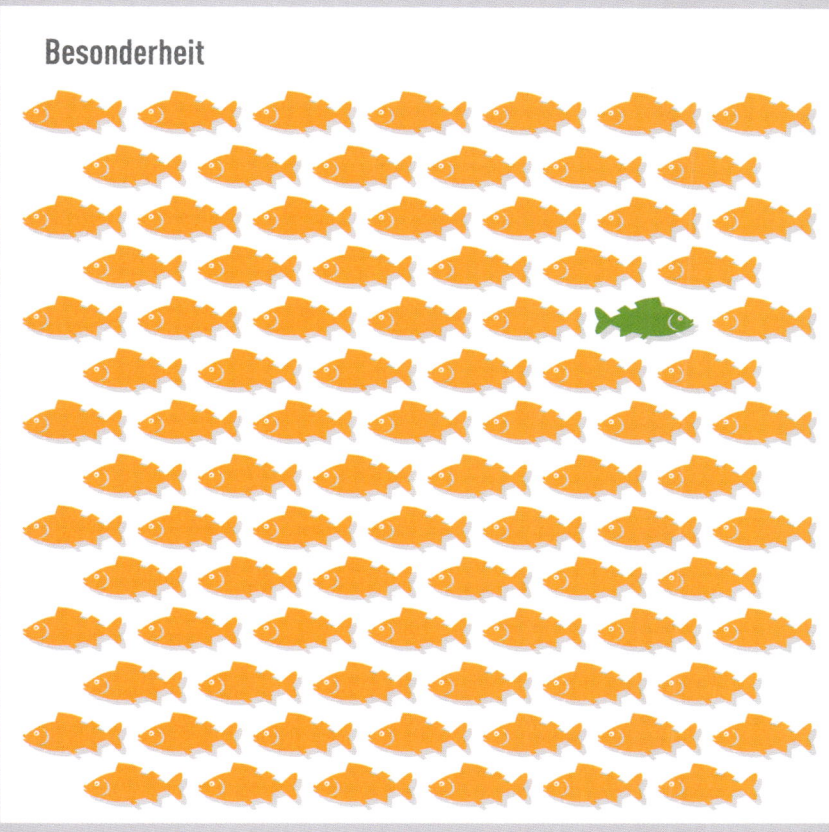

Wer gegen den Strom schwimmt, fällt auf, aber ob das Resultat positiv oder negativ ausfällt, hängt von der Art des Andersseins ab. Es könnte ein besonderes Talent sein oder aber auch eine Erkrankung wie Schizophrenie.

PSYCHISCHE ERKRANKUNGEN

9

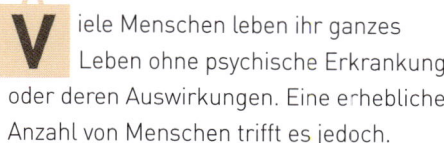

Viele Menschen leben ihr ganzes Leben ohne psychische Erkrankung oder deren Auswirkungen. Eine erhebliche Anzahl von Menschen trifft es jedoch.

Man schätzt, dass zwischen 18 % und 36 % aller Menschen irgendwann in ihrem Leben mit psychischen Problemen zu tun haben. In einer von vier Familien ist jemand von einer psychischen Erkrankung betroffen. Manche Erkrankungen, etwa eine Psychose, treten kurzfristig oder sporadisch auf, während andere – etwa Persönlichkeitsstörungen – dauerhafter sind. Manche psychischen Probleme treffen uns vorwiegend in bestimmten Lebensabschnitten – etwa als Teil von degenerativen Erkrankungen oder als Ausdruck von Stress.

Die Diagnose einer psychischen Erkrankung basiert typischerweise auf der Identifizierung bestimmter Symptome, die oft unter spezifischen Umständen auftreten. Diese Klassifikationen werden in mehreren diagnostischen Leitfäden beschrieben. Ein bekanntes Beispiel ist das *Diagnostische und statistische Manual psychischer Stö-*

rungen, herausgegeben von der American Psychiatric Association. Dieser klassifikationsbasierte Ansatz hat auch seine Kritiker – die Ursachen von Problemen können angezweifelt werden, genauso wie die Frage, ob ein bestimmter Zustand überhaupt eine Störung ist. Andererseits bieten die Leitfäden einen gemeinsamen Standard für Diagnosen und sind von zentraler Bedeutung für die Behandlung psychischer Erkrankungen.

Einige psychische Probleme können mit vorwiegend psychologischer Intervention behandelt werden, während für andere eine medikamentöse Behandlung indiziert ist. Für viele Personen ist eine Behandlung erfolgreich. Denken Sie beim Lesen dieses Kapitels daran, dass ein psychisches Problem nur ein Aspekt eines multifaktoriellen Individuums ist. Wenn Sie sich Sorgen um Ihre psychische Gesundheit (oder um die einer anderen Person) machen, sollten Sie sich Hilfe holen, am besten bei einem Arzt oder einer Beratungsstelle für psychische Gesundheit.

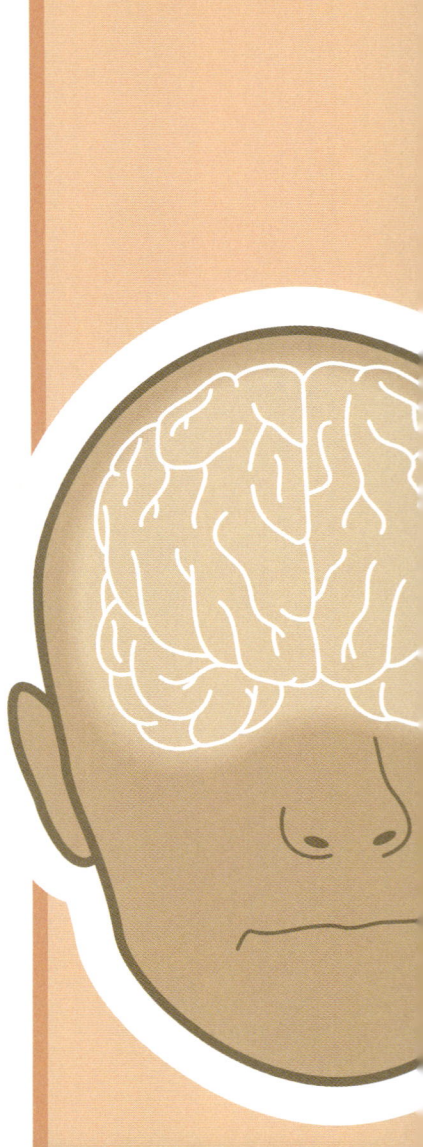

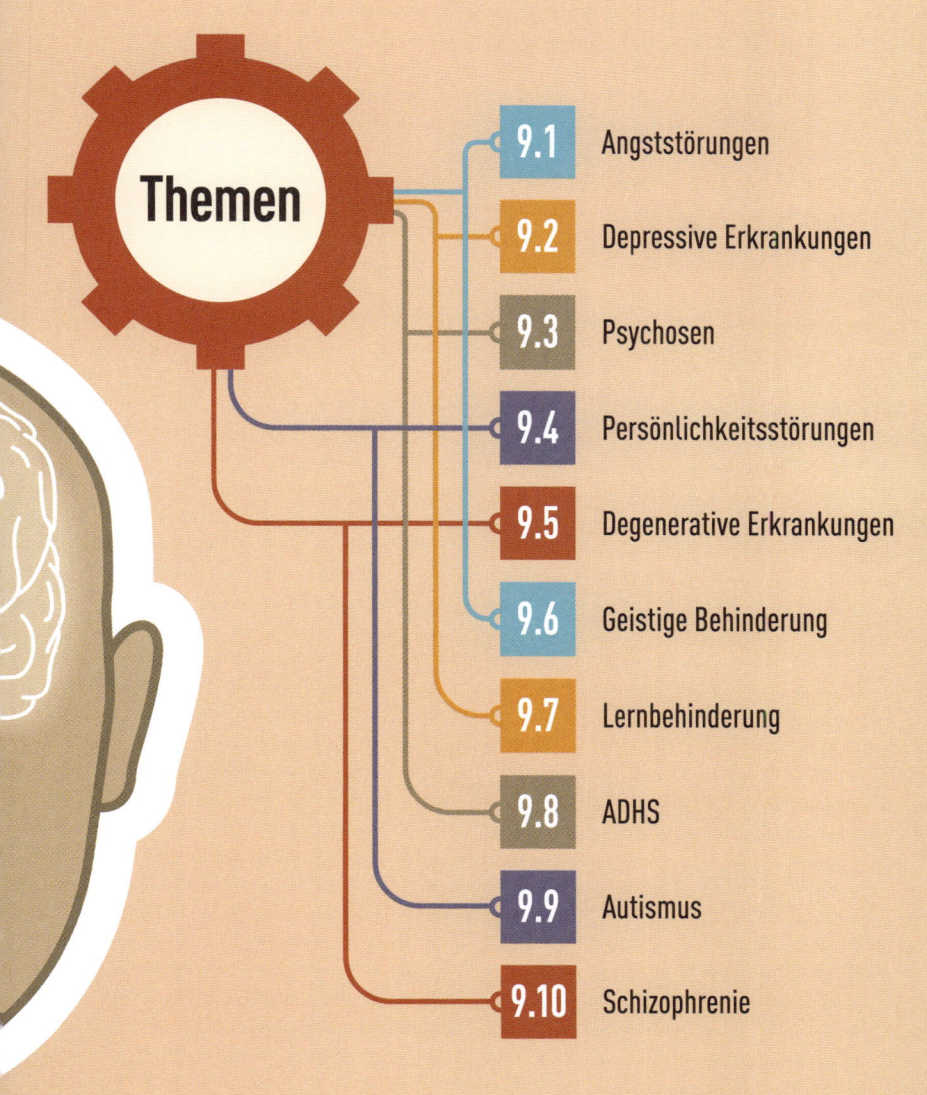

Themen

9.1 Angststörungen

9.2 Depressive Erkrankungen

9.3 Psychosen

9.4 Persönlichkeitsstörungen

9.5 Degenerative Erkrankungen

9.6 Geistige Behinderung

9.7 Lernbehinderung

9.8 ADHS

9.9 Autismus

9.10 Schizophrenie

9.1 Angststörungen

Angststörungen sind weitreichend. Vielen Betroffenen hilft eine Gesprächstherapie, etwa eine kognitive Verhaltenstherapie (KVT).

Zu den Angststörungen zählen Zwangserkrankungen, Phobien, Panikstörungen, die generalisierte Angststörung (GAS) und die posttraumatische Belastungsstörung (PTBS).

■ Eine Zwangserkrankung beinhaltet zwanghaftes Denken und Verhalten, das viel Zeit in Anspruch nimmt und unter dem die Betroffenen leiden. Vorsichtiges oder ritualisiertes Verhalten ist oft die Folge.

■ Die Betroffenen einer Phobie leiden unter einer unverhältnismäßig starken Angst. Es gibt Agoraphobie, soziale Phobien und Phobien mit spezifischen Auslösern.

■ Zu den Panikstörungen gehören Panikattacken, die mit körperlichen Symptomen und Verhaltensänderungen einhergehen: Die Betroffenen meiden Situationen, die eine Attacke auslösen könnten. Zur ersten Attacke kommt es meist im späten Jugendalter und die meisten Betroffenen sind Frauen.

■ Die GAS ist akute Angst ohne bestimmten Auslöser, die 6 Monate oder länger an den meisten Tagen auftritt.

■ PTBS entsteht nach einem traumatischen Ereignis. Zu den Symptomen zählen: Vermeidung von allem, was an das Ereignis erinnert, Wiedererleben des Traumas und Übererregtheit (u. a. in Form von Schlaflosigkeit).

Bei den meisten angstbasierten Störungen kann eine KVT helfen. Bei manchen (Zwänge, PTBS) hilft sie fallweise begrenzt und kann durch Medikamente ergänzt werden.

Es gibt die verschiedensten Phobien. *Gnosiophobie* ist die Angst vor Wissen, *Peladophobie* ist die Angst vor kahlköpfigen Menschen.

Der Panikkreislauf

PANIK
Alarmreaktion auf die Symptome

PHYSIOLOGIE
beschleunigter Herzschlag, Schwitzen

KOGNITION
Erkennen der körperlichen Symptome

KOGNITION
Erkennen der körperlichen Symptome

PHYSIOLOGIE
die Symptome verstärken sich

PANIK
stärkere Alarmreaktion auf die Symptome

Bei Panikattacken kann es zu einer negativen Rückkopplung kommen. Der Psychologe Clark bezeichnete den Auslöser dafür als eine katastrophale Fehlinterpretation der Betroffenen ihrer eigenen Symptome.

9.2 Depressive Erkrankungen

Die Ursachen für eine Depression können biologische, soziale oder Entwicklungsstörungen sein.

Vereinfacht gesagt wird eine Depression diagnostiziert, wenn in einer Zeitspanne von zwei Wochen fünf Symptome einer Symptomliste vorliegen. Zu ihnen gehören unter anderem: eine niedergeschlagene Stimmung den Großteil des Tages über, erheblicher Gewichtsverlust, regelmäßige Schlafstörungen, Erschöpfung, Schuldgefühle, Gefühle von Minderwertigkeit und ein vermindertes Denkvermögen.

Depressionen können aus einer von drei Ursachen entstehen. Eine biologische Ursache kann der Mangel an Neurotransmittern wie Serotonin, Noradrenalin und Dopamin sein. Zu Entwicklungsstörungen gehören erworbene kognitive Verzerrungen sowie erlernte Hilflosigkeit. Soziale Ursachen können etwa Kindesmissbrauch oder soziale Isolation sein.

Studien zur Prävalenz in verschiedenen Ländern vermuten, dass rund 3–7 % aller Personen im Laufe ihres Lebens mit einer Depression diagnostiziert werden. Von ihnen entwickeln rund 10–20 % eine bipolare Störung mit manischen Episoden. Eine Depression beginnt meist im Alter von etwa 20 bis 30 Jahren. Die Suizidrate ist bei den Betroffenen einer Depression hoch und liegt bei rund 15 %.

Zur Behandlung gehören normalerweise Medikamente, die auf die Neurotransmitter wirken, und Gesprächstherapien, wie die KVT. Für einige Formen der Depression hat sich die Elektrokonvulsionstherapie als wirksam erwiesen.

Angst und Depressionen sind die häufigsten psychischen Probleme.

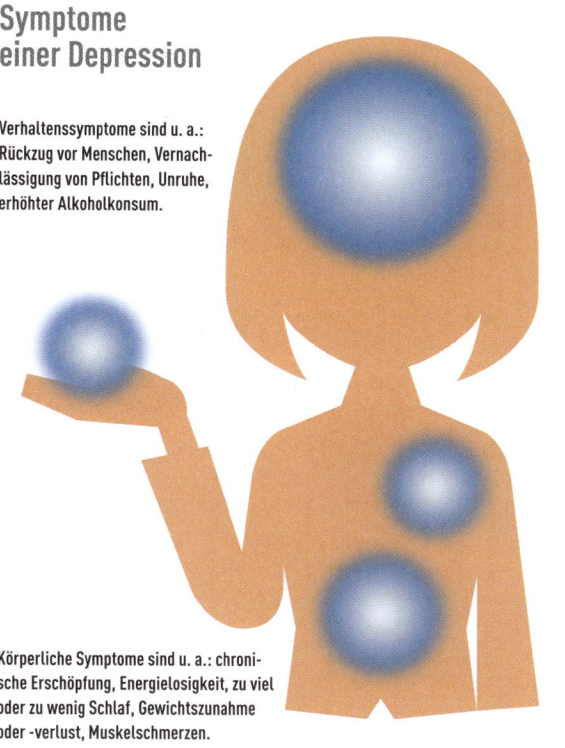

Symptome einer Depression

Verhaltenssymptome sind u. a.: Rückzug vor Menschen, Vernachlässigung von Pflichten, Unruhe, erhöhter Alkoholkonsum.

Gedankliche Symptome sind u. a.: häufige Selbstkritik, verminderte Konzentration, Verwirrtheit und Unentschlossenheit.

Emotionale Symptome sind u. a.: Traurigkeit, Angst, Stimmungsschwankungen, Mangel an Selbstvertrauen, Reizbarkeit

Körperliche Symptome sind u. a.: chronische Erschöpfung, Energielosigkeit, zu viel oder zu wenig Schlaf, Gewichtszunahme oder -verlust, Muskelschmerzen.

Die Symptome einer Depression werden häufig nicht ernstgenommen, da sie oft unauffällig sind – Müdigkeit, Niedergeschlagenheit oder Schmerzen sind nicht ungewöhnlich. Das macht die Depression schwierig zu diagnostizieren.

9.3 Psychosen

Bei einer Psychose führt der Geisteszustand der Betroffenen zu einem Realitätsverlust.

Symptome einer psychotischen Episode sind u. a.: Halluzinationen, Wahnvorstellungen oder bizarre Gedanken, *Katatonie*; Hyperaktivität ohne Ziel (etwa schnell im Kreis laufen), und fehlendes Interesse an allem anderen. Denkstörungen bei denen die Gedanken der Betroffenen chaotisch und zerfahren sind, können ebenfalls ein Zeichen für eine Psychose sein.

Vorkommen können Psychosen bei schweren Depressionen, bei Schizophrenie (siehe Themen 9.2 und 9.10), und zahlreichen anderen Störungen (siehe gegenüber). Psychosen werden auch mit anderen Erkrankungen assoziiert, darunter neurodegenerative Erkrankungen wie Alzheimer und Parkinson (siehe Thema 9.5) sowie Vergiftungen. Das wird manchmal auch als sekundäre Psychose bezeichnet.

Einige Psychologen stellen das Konzept der Psychose infrage. Sie argumentieren, dass manche der Symptome – z. B. innere Stimmen und Monologe – auch bei den als normal geltenden Menschen häufig vorkommen. Ihrer Ansicht nach liegt es an der Interpretation durch Betroffene und Kliniker, ob die Symptome auf eine Erkrankung hinweisen.

Die Behandlung der Psychose hängt von den zugrundeliegenden Erkrankungen an, erfolgt normalerweise mit Medikamenten. Diese können helfen, haben aber oft erhebliche Nebenwirkungen. Ein frühes Einschreiten verbessert den Behandlungserfolg.

Halluzinationen sind nicht immer psychotisch. Normal und häufig sind Halluzinationen, die im Halbschlaf auftreten.

Wahnvorstellungen

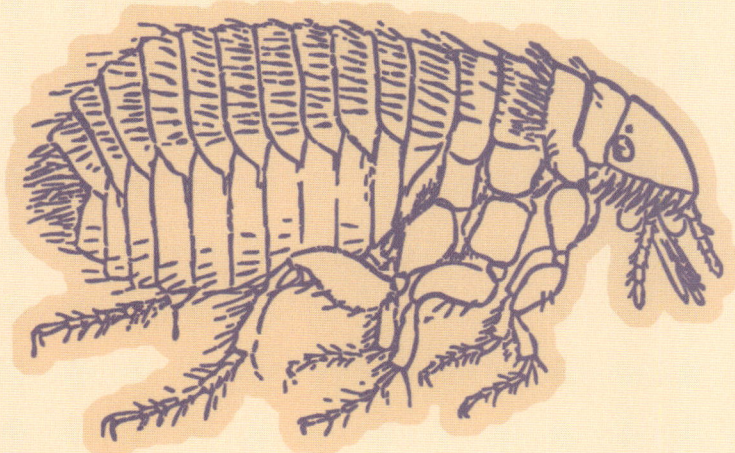

Das Ekbom-Syndrom (Dermatozoenwahn) ist eine Form der Psychose, bei denen die Betroffenen glauben, von Parasiten befallen zu sein.

Die Psychose hat viele Gesichter. Betroffene des Ekbom-Syndroms leiden unter starkem Wahn. Sie können nicht realisieren, dass kein tatsächlicher Parasitenbefall vorliegt, und lehnen eine Behandlung der Psychose ab.

9.4 Persönlichkeitsstörungen

Menschen mit einer Persönlichkeitsstörung sehen nicht immer ein, dass sie ein Problem haben. Das erschwert die Behandlung.

Eine Persönlichkeitsstörung (PS) kann diagnostiziert werden, wenn eine Person pathologische Persönlichkeitsmerkmale (siehe Thema 8.3) und ein gestörtes Sozialverhalten aufweist.

Die PS wird bestätigt, wenn diese Beeinträchtigungen über einen längeren Zeitraum andauern, sie ungewöhnlich für die Entwicklungsphase und das Umfeld der Person sind und sie nicht durch Körperverletzung oder Drogen ausgelöst wurden.

Anhand mehrerer Merkmale können spezifische Störungen identifiziert werden. Die antisoziale Persönlichkeitsstörung z. B. wird u. a. durch geringe Angst und starke Feindseligkeit charakterisiert. Bei einer Borderline-Persönlichkeitsstörung sind hingegen beide Merkmale stark ausgeprägt.

Ungefähr 6–10 % der Bevölkerung leiden unter einer Persönlichkeitsstörung. Die Prävalenz der häufigen Störungen (schizotyp, antisozial, Borderline, histrionisch) liegt bei 2–3 %. Über eindeutige Ursachen einer PS ist nur wenig bekannt; oft spielen Missbrauch und Vernachlässigung in der Kindheit eine Rolle.

Die Behandlung der PS ist umstritten und schwierig, da eine PS beständig und schwer zu beeinflussen ist. Behandlungsversuche erfolgen meist mithilfe von Gesprächstherapien, etwa Psychotherapien, Familientherapien und Gruppentherapien.

Nicht alle Wissenschaftler glauben an die Existenz einer „normalen" Persönlichkeit, von der sich Persönlichkeitsstörungen abheben.

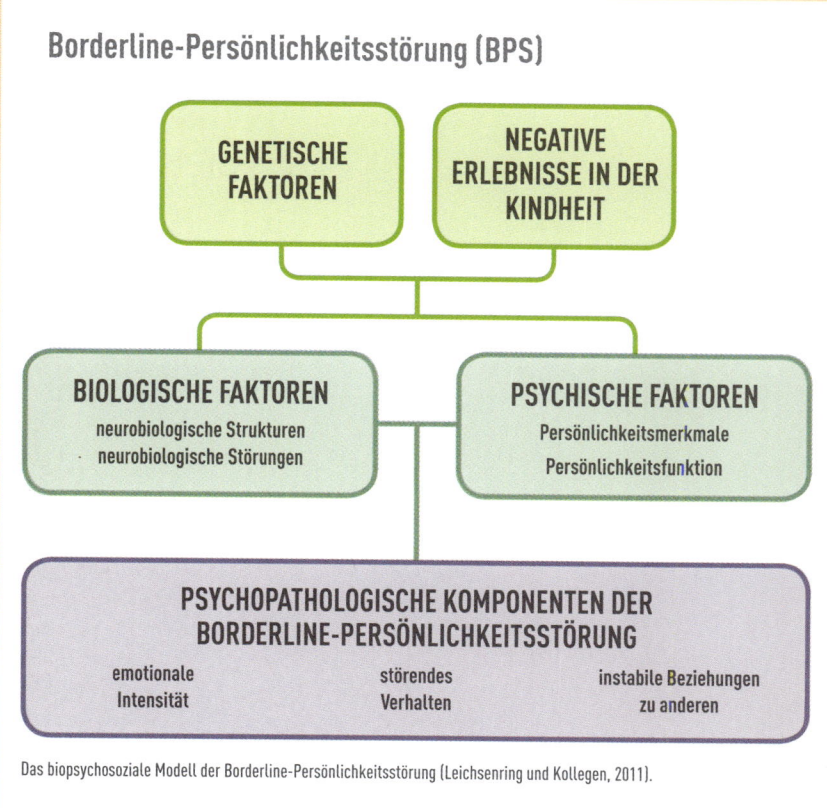

Das biopsychosoziale Modell der Borderline-Persönlichkeitsstörung (Leichsenring und Kollegen, 2011).

Dieses Modell sieht die BPS als Kombination aus genetischen Faktoren und Einflüssen der frühkindlichen Entwicklung, die mit biologischen Faktoren und psychosozialen Merkmalen interagieren und zu verschiedenen Verhaltenssymptomen führen.

9.5 Degenerative Erkrankungen

Einige Erkrankungen des Gehirns sind die Folge einer fortschreitenden neuronalen Degeneration. Viele sind durch kognitiven Verfall gekennzeichnet, manche treten im Alter auf.

Zu den degenerativen Erkrankungen gehören Demenz, die Parkinson-Krankheit und Multiple Sklerose (MS). Hier sind einige der häufigsten Krankheiten:

■ Demenz ist ein Überbegriff für altersbedingten kognitiven Abbau. Bei Personen im Alter von 65 Jahren und älter liegt die Prävalenz bei 7 %; im Alter von 85 Jahren und älter bei 30 %. Die häufigste Form ist die Alzheimer-Krankheit, verursacht von neuronalen und chemischen Anomalien, die zum Zelltod führen. Betroffen ist vor allem der Cortex. Der geistige Verfall ist fortschreitend und betrifft Gedächtnis, Sprache, exekutive Funktionen (siehe Thema 5.5) und die Persönlichkeit.

■ Die Parkinson-Krankheit ist eine fortschreitende neurologische Erkrankung, die in den Basalganglien beginnt (siehe Thema 2.2). Sie betrifft vor allem die Bewegung. Schätzungen zufolge ist eine von 500 Personen betroffen. Erkrankte sind meist 50 Jahre oder älter, Männer sind etwas häufiger betroffen als Frauen. Die typischen motorischen Symptome: Zittern, Muskelstarre, verlangsamte Bewegung. Rund 70 % der Betroffenen entwickeln auch Demenz und kognitiven Verfall.

■ MS ist die Degeneration der Myelinscheiden, die im Gehirn und in der Wirbelsäure die Nerven umgeben. Weniger als eine von 500 Personen ist betroffen. Die Krankheit bricht meist zwischen 20 und 40 Jahren aus, häufiger bei Frauen und Weißen, und betrifft Motorik, Wahrnehmung, Kognition und Gefühle. Die Lebenserwartung ist verringert.

Der Boxer Muhammad Ali litt seit seinen 40ern an Parkinson, vielleicht aufgrund der zahlreichen Schläge gegen seinen Kopf.

Die Alzheimer-Krankheit

GESUNDES GEHIRN

ALZHEIMER IM SPÄTSTADIUM

Großhirnrinde

schrumpfende Großhirnrinde

Hippocampus

schrumpfender Hippocampus

vergrößerte Ventrikel

Ein Vergleich zwischen einem gesunden Gehirn und dem Gehirn eines Alzheimer-patienten im Spätstadium. Man sieht die Auswirkungen des massiven Zelltods auf die Größe des Gehirns.

9.6 Geistige Behinderungen

Ein niedriger IQ wirkt sich wesentlich auf den Erwerb grundlegender Fähigkeiten aus, etwa zur Benutzung öffentlicher Verkehrsmittel.

Die allgemeine Intelligenz (siehe Thema 8.4), wie sie mit IQ-Tests gemessen wird, ist ein Kriterium einer geistigen Behinderung. Menschen mit einem IQ von über 130 oder unter 75 sind Besonderheiten. Erstere gelten als besonders fähig, letztere haben eine Intelligenzminderung. Jede Gruppe macht etwa 3 % der Bevölkerung aus.

Personen mit niedrigem IQ haben im Allgemeinen Probleme in den folgenden drei Bereichen:

- Kognitiv: Sie haben Schwierigkeiten beim Lernen, Erinnern, Schlussfolgern und bei der Sprachkompetenz.

- Sozial: Sie haben Schwierigkeiten im zwischenmenschlichen Umgang und mit sozialen Regeln. Sie sind sozial naiv.

- Praktisch: Sie haben Schwierigkeiten im Alltag, etwa mit der Körperpflege, öffentlichen Verkehrsmitteln, Finanzen und Telefonen sowie mit ihren beruflichen Aufgaben.

Die Ursachen für eine geistige Behinderung sind vielfältig, z. B.: genetische Anomalien, intrauterine Faktoren wie das fetale Alkoholsyndrom, sowie perinatale und postnatale Infektionen und Verletzungen. Je schlimmer der Fall, desto eindeutiger spezifisch und biologisch werden die Ursachen.

Bei allen Fällen von geistiger Behinderung hängt das Ausmaß der erforderlichen Betreuung vom Grad der Behinderung ab.

In der Antike war die Einstellung zu geistigen Behinderungen manchmal aufgeklärt (Kelten und Juden) und manchmal intolerant (Römer und Griechen).

Leben mit einer geistigen Behinderung

GRAD	FUNKTIONEN
leicht IQ: 50–70 geistiges Alter 9–12	Behinderung nicht offensichtlich; Schulbildung möglich; meist unabhängig; Ausübung eines manuellen Jobs oft möglich.
mittelgradig IQ: 35–70 geistiges Alter 6–9	Benötigt Unterstützung, ist aber größtenteils unabhängig und kann einen einfachen, monotonen Job ausüben; benötigt Hilfe auf der Straße und mit Finanzen; generell verletzlich, lebt oft bei Eltern oder in betreutem Wohnen.
schwer/schwerst IQ: < 35 geistiges Alter: < 6	Benötigt Betreuung und sehr strukturiertes Leben mit ständiger Unterstützung; kann manchmal einiges alleine machen; Sprache ist nicht oder minimal vorhanden; in schwersten Fällen auch körperliche Behinderung und Unbeweglichkeit.

Bei einer geistigen Behinderung hängt das Ausmaß der Beeinträchtigung der kognitiven, sozialen und praktischen Bereiche vom Grad der Behinderung ab. Er kann leicht, mittelgradig oder schwer/schwerst ausfallen.

9.7 Lernbehinderungen

Manche Störungen betreffen spezifische Funktionen, sodass die Betroffenen etwa Schwierigkeiten beim Lesen oder Rechnen haben.

Im Gegensatz zu einer geistigen Behinderung (siehe Thema 9.6) haben Lernbehinderungen ein beschränktes Ausmaß.

- Die Legasthenie ist eine spezifische Störung des Lesens von Buchstaben und Wörtern. Andere kognitive Funktionen sind dabei unbeeinträchtigt.

- Die Dyskalkulie ist eine Rechenstörung, die den Umgang mit mathematischen Symbolen beeinträchtigt.

Die Beeinträchtigungen sind diffus und können vielfältig sein, was auf unterschiedliche Ursachen hindeutet. Diese Idee wird von mehreren Beobachtungen gestützt. Zum Beispiel haben Menschen mit Legasthenie eine Störung des Arbeitsgedächtnisses, sind oft unordentlich und haben Probleme, sich an Termine zu erinnern. Lernstörungen treten auch oft gemeinsam auf und manchmal bestehen **Komorbiditäten** mit anderen Erkrankungen, wie etwa ADHS (siehe Thema 9.8). Daraus ergibt sich ein Hauptproblem, etwa das Rechnen, das vor dem Hintergrund anderer Störungen beobachtet wird.

Somit konzentriert man sich bei der Behandlung von Lernbehinderungen in der Forschung und in der klinischen Praxis zunehmend auf die Bestimmung der verschiedenen Behinderungskomponenten, statt auf die Diskrepanz zwischen den allgemeinen Fähigkeiten der Person und ihrer spezifischen Behinderung.

Lernbehinderungen kommen öfter bei Männern als bei Frauen vor und ihr gehäuftes familiäres Vorkommen deutet auf Vererbbarkeit hin.

Komorbidität

Komorbidität ist die Regel, nicht die Ausnahme (Gilger und Kaplan, 2001).

LEGASTHENIE

50 % aller Kinder mit Legasthenie leiden auch unter Dyspraxie, einer Koordinations- und Entwicklungsstörung.

DYSPRAXIE

ADS/ADHS

25–40 % der Kinder mit Legasthenie erfüllen auch Kriterien für die Aufmerksamkeitsdefizit-Hyperaktivitätsstörung (ADHS).

DYSGRAFIE

DYSKALKULIE

17–70 % aller Kinder mit Legasthenie erfüllen auch die Kriterien für Dyskalkulie.

Das Diagramm zeigt die Komorbiditäten bestimmter Lernstörungen – bei denen eine Person von einer oder mehreren betroffen sein kann. Die geschätzten Überschneidungen sind von der jeweiligen Studie abhängig. Einige aktuelle Schätzungen sind oben angeführt.

9.8 ADHS

Ein Kind kann sich nicht konzentrieren und/oder ist hyperaktiv. Vielleicht ist es ADHS.

Die Aufmerksamkeitsdefizit-Hyperaktivitätsstörung (ADHS) diagnostiziert man bei Kindern, deren Unaufmerksamkeit oder Hyperaktivität ihre Entwicklung auf die folgenden Arten beeinträchtigt.

- Unaufmerksamkeit: ist leicht abgelenkt; vergesslich; kann sich nicht konzentrieren; achtet nicht auf Details; hat Schwierigkeiten, Aufgaben und Aktivitäten zu organisieren.

- Hyperaktivität: dazu gehört Zappeln; plötzliches Aufstehen; übermäßiger Rededrang; häufiges Unterbrechen; und ständige Aktivität und Unruhe.

Für eine Diagnose müssen mehrere Symptome vor dem 12. Lebensalter vorhanden sein. Man schätzt, dass rund 3–7 % der Kinder unter ADHS leiden. Es gibt einige Hinweise auf eine genetische Komponente.

Bei Verhaltenstherapien für ADHS wird positives Verhalten bestärkt und negatives nicht bestärkt (siehe Thema 6.2). Zwei häufig eingesetzte Medikamente sind Ritalin und Dexedrin. Beide sind Stimulanzien, die aber das Bedürfnis nach externen Stimuli reduzieren und den Betroffenen beruhigen. Darüber hinaus sind sie relativ gut verträglich. Bei ADHS-Patienten bringen sie die neuronale Funktion auf das Level von „normalen" Kindern. Es gibt aber auch die Sorge, dass solche Medikamente Kindern auch dann regelmäßig verschrieben werden, wenn die Diagnosekriterien nicht erfüllt sind.

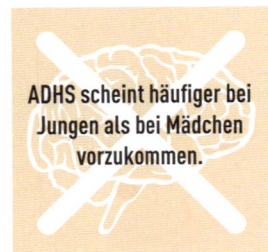

ADHS scheint häufiger bei Jungen als bei Mädchen vorzukommen.

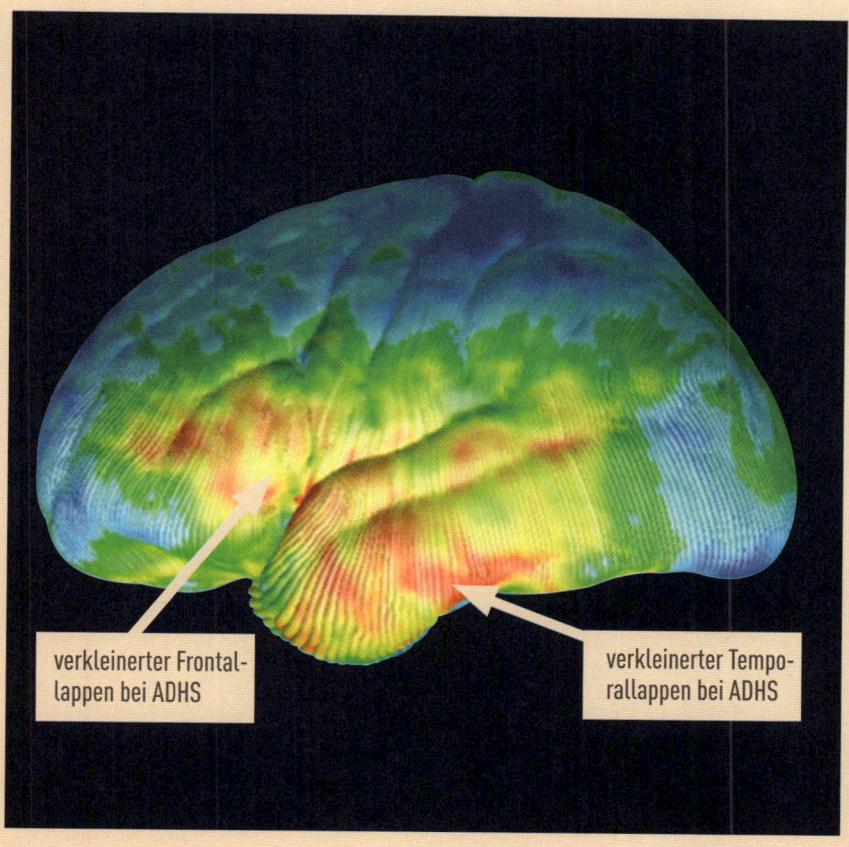

verkleinerter Frontal-
lappen bei ADHS

verkleinerter Tempo-
rallappen bei ADHS

Dieses farbkodierte Bild der linken Gehirnhälfte zeigt die Bereiche (rot
und orange), die bei Kindern mit Aufmerksamkeitsstörungen kleiner
sind.

9.9 Autismus

Menschen mit Autismus haben Schwierigkeiten mit sozialer Interaktion, manchmal auch Sprach-störungen und repetitive Verhaltensweisen.

Meist wird **Autismus** bei Kindern erstmals im Alter von 6 Monaten bis 3 Jahren festgestellt. Eines bis zwei von 1000 Kindern sind betroffen. Autismus zeigt sich in verschiedenen Formen und Schweregraden. Es gibt drei Hauptprobleme.

Erstens haben Menschen mit Autismus Schwierigkeiten mit sozialer Interaktion. Weiters fehlt es ihnen an Einfühlungs-vermögen in die Gedanken, Gefühle und Motive anderer. Drittens fehlt es rund 30–50 % aller Betroffenen an der nötigen Sprachkompetenz, um ihren Alltag zu bewältigen. Auch repetitives Verhalten ist ein Merkmal von Autismus. Dazu gehören:

- Stereotypien: repetitives Händeflattern, Wippen.
- Das wiederholte, gezielte Sortieren von Gegenständen.
- Ritualisiertes Verhalten.
- Schwerpunkt auf einer begrenzten Auswahl an Verhaltens-mustern und selbstverletzendem Verhalten.

Zwischen 0,5 % und 10 % aller autistischen Menschen sind Savants mit außergewöhnlichen Fähigkeiten in Bereichen wie Wahrnehmung oder Aufmerksamkeit (siehe Themen 5.1 und 5.6).

Zur Behandlung gehört die Entwicklung von Strategien für den Umgang mit Alltagssituationen; spezielles Training, um Defizite in bestimmten Fertigkeiten auszugleichen; und eine Reduktion der Auswirkungen alltäglicher Stressfaktoren.

Der falsche Zusammenhang zwischen Autismus und dem MMR-Impfstoff wurde als die schädigendste Falschmel-dung der letzten 100 Jahre beschrieben.

Betroffene Gehirnbereiche bei Autismus

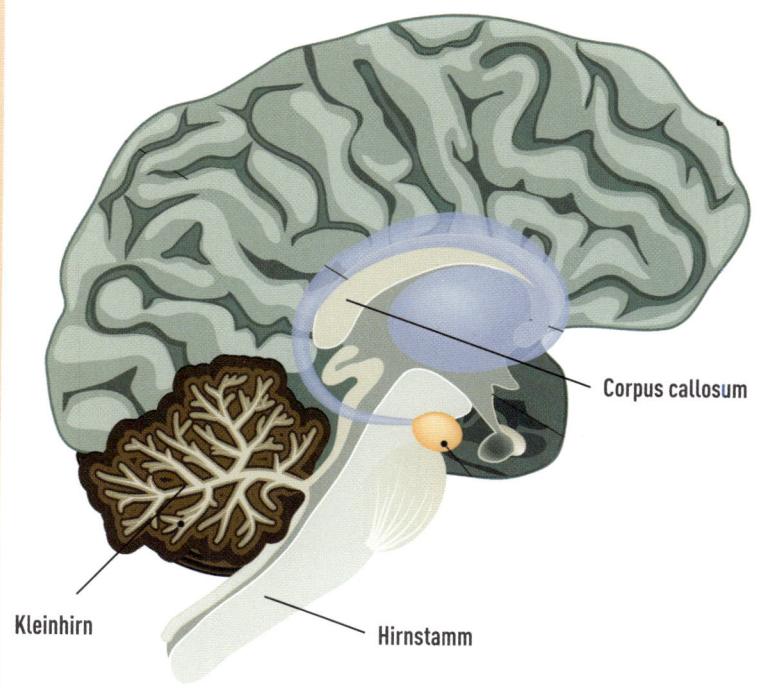

Corpus callosum

Kleinhirn

Hirnstamm

Wie bei anderen psychischen Störungen spielen auch beim Autismus mehrere Bereiche des Gehirns eine Rolle.

9.10 Schizophrenie

Die Schizophrenie kann das soziale oder berufliche Leben der Betroffenen beeinträchtigen.

Schizophrenie ist eine psychische Erkrankung, die von einer Vielzahl von Symptomen charakterisiert wird, u. a. von Wahnvorstellungen, Halluzinationen sowie desorganisierten Sprech- und Verhaltensweisen. Zur Diagnose kommt es, wenn die Person mindestens zwei der Symptome für mindestens 6 Monate aufweist. Die Wahrscheinlichkeit, an Schizophrenie zu erkranken, beträgt etwa 1 %.

Meist bricht die Krankheit im späten Jugend- und frühen Erwachsenenalter aus. Forscher identifizierten genetische Marker für eine erhöhte Anfälligkeit. Auch die Verwandtschaft mit einem Betroffenen ist ein Risikofaktor. Schizophreniekranke können auch nichtgenetische neurologische Unterschiede aufweisen, etwa in der Produktion und Aufnahme von Neurotransmittern. Es gibt auch Hinweise auf eine Interaktion zwischen biologischen Faktoren und Umweltstressoren.

Bei der Behandlung der Schizophrenie werden oft Antipsychotika eingesetzt. Diese helfen oft, haben jedoch viele Nebenwirkungen. Die medikamentöse Behandlung kann durch psychologische Maßnahmen ergänzt werden.

Die Ergebnisse variieren: 20 % der Patienten haben nur eine akute Episode; 33 % haben mehrere Episoden, die sich mit der Zeit bessern; etwa 10 % erreichen nicht mehr die Funktionsfähigkeit, die sie vor der Diagnose hatten.

Die Symptome der Schizophrenie sind selten gleichbleibend. Sie wechseln zwischen stärkerer und schwächerer Intensität.

Die Schizophrenie wird im Film und in anderen Medien meist unrealistisch dargestellt. Multiple Persönlichkeiten etwa sind kein bestimmendes Merkmal der Krankheit. Schizophrenie macht oft einsam und lässt die Welt als verwirrenden, angsteinflößenden Ort erscheinen.

ANGEWANDTE
PSYCHOLOGIE

D ie Psychologie ist im Grunde eine Anwendungsdisziplin. Von Anfang an haben praktizierende Psychologen die Theorie auf unglaublich vielfältige Arten eingesetzt, um das Leben und die psychische Gesundheit der Menschen zu verbessern, um Organisationen effizienter zu gestalten, und um Verfahren gerechter zu machen.

Manchmal werden nur kleine Maßnahmen ergriffen. Vielleicht entwickelt eine Psychologin zum Beispiel einen neuen Berufseignungstest. Manchmal hat eine Intervention historische Bedeutung – wenn die Psychologie die Politik beeinflusst und so etwa zur Aufhebung der Rassentrennung an Schulen beiträgt.

In zehn Themen kann das Ausmaß der angewandten Psychologie nicht einmal annähernd abgedeckt werden, darum befasst sich unsere Auswahl mit psychischer Gesundheit (Beratung, klinische Psychologie, Beurteilung von Kindern und Intervention); Organisationspsychologie (Personalauswahl und Führung); das Justizsystem (Entscheidungsfindung einer Jury, die Erinnerungen von Augenzeugen); und Themen, die sich mit breiteren sozialen Belangen (Kontakttheorie und Minoritäteneinfluss) befassen.

Jenseits der hier behandelten Themen wurde bereits fast jeder Aspekt der menschlichen Funktion auf die eine oder andere Weise durch die Psychologie beeinflusst. Hier sind einige Beispiele:

■ Psychologen haben an Lösungen mitgewirkt, die die Interaktion zwischen Menschen und Computersystemen sowie die Ergonomie von Flugzeug-Cockpits verbesserten.
■ Umweltpsychologen halfen bei der Gestaltung von Wohnsiedlungen, um Verbrechen zu minimieren.
■ Bildungspsychologen entwickelten effektive Unterrichtsmethoden für die Schule.

Das sind nur einige Beispiele für die praktische Anwendung der Psychologie.

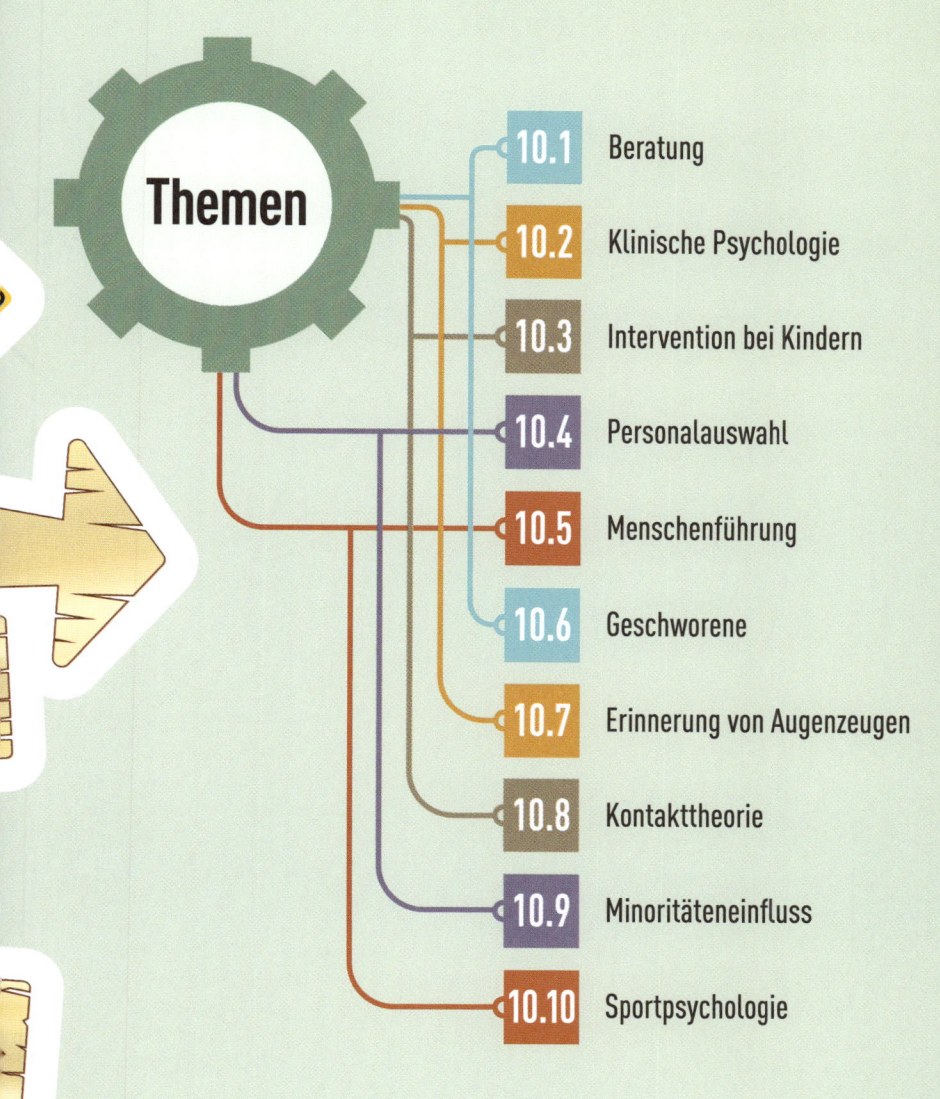

Themen

10.1	Beratung
10.2	Klinische Psychologie
10.3	Intervention bei Kindern
10.4	Personalauswahl
10.5	Menschenführung
10.6	Geschworene
10.7	Erinnerung von Augenzeugen
10.8	Kontakttheorie
10.9	Minoritäteneinfluss
10.10	Sportpsychologie

10.1 Beratung

Einzelberatung ist eine effektive Behandlung für verschiedenste psychische Probleme.

Zu einer Beratung gehört eine professionelle Beziehung zwischen der beratenden Person und dem Klienten. Berater helfen bei verschiedensten psychischen Problemen, die in die folgenden Kategorien fallen können:

- Probleme, die viele Menschen haben, wie Trauer, Ängste, Beziehungsprobleme.

- Seltenere Probleme, wie der Umgang mit traumatischen Erlebnissen oder Suchterkrankungen.

- Sehr individuelle Probleme, z. B. Schwierigkeiten aufgrund ungewöhnlicher sexueller Fetische.

Berater greifen auf theoretische Konzepte zurück. Der Beratungsprozess hängt vom gewählten Ansatz ab. Eine kognitive Verhaltenstherapie etwa kann fehlerhafte Denkmuster identifizieren, diese mit der Realität abgleichen und Möglichkeiten der Veränderung aufzeigen. Eine psychodynamische Therapie bietet hingegen freie Assoziation, das Besprechen von Träumen und die Identifizierung von Spannungen. Dabei werden unbewusste Konflikte ergründet, die sich in scheinbar unzusammenhängenden psychischen Problemen manifestieren.

Schätzungen zufolge haben 28 % aller Briten schon einmal beratende oder psychotherapeutische Hilfe in Anspruch genommen.

Meistens finden Einzelberatungen statt, aber auch Gruppengespräche erzielen ähnliche Ergebnisse. Kein Ansatz ist ein Allheilmittel, keiner ist empirisch besser als andere. Wichtig ist, dass er zum jeweiligen Klienten passt.

Was gehört dazu?

VERTRAUEN

Alle Gespräche zwischen einer Person und ihrem Berater sind streng vertraulich.

VERÄNDERUNGEN

Ein Berater gibt Ratschläge, wie man die gegenwärtige Situation verändern kann.

EINSCHÄTZUNG

Ein Berater analysiert und berücksichtigt spezifische Bedürfnisse

KEINE VORURTEILE

Berater sind nicht da, um Urteile zu fällen.

VERSTÄNDNIS

Die Beratung hilft dem Klienten, die eigene Situation besser zu verstehen.

EIN OFFENES OHR

Einer der wichtigsten Faktoren: Ein Berater muss gut zuhören können.

Eine Beratung arbeitet mit gesprächsbasierten Ansätzen. Einzeltherapien sind am häufigsten, aber auch Gruppen, Paare oder Familien können zusammen eine Beratung in Anspruch nehmen.

10.2 Klinische Psychologie

Klinische Psychologen verwenden spezielle Diagnosemethoden zur Beurteilung psychischer Störungen.

Wie Berater arbeiten auch klinische Psychologen in großen Gesundheitszentren und in privaten Praxen. Sie behandeln die gleichen Bereiche wie Berater (siehe Thema 10.1), aber auch akutere Probleme wie neurologische Traumata, akute Essstörungen und die Resozialisierung von Kriminellen. Klinische Psychologen haben oft auch andere Aufgaben, zum Beispiel als Sachverständige.

Der größte Unterschied zwischen den beiden Berufen ist die Qualifikation. Berater sind oft erfahren, aber weniger ausgebildet. Klinische Psychologen hingegen absolvieren ein Universitätsstudium, einschließlich Forschungstätigkeit und einer Abschlussarbeit. Sie haben Zugang zu und Erfahrung in speziellen Diagnoseverfahren, etwa zur Beurteilung der exekutiven Funktionen (siehe Thema 5.5).

Zwar dürfen klinische Psychologen keine Medikamente verschreiben, aber in manchen Fällen welche empfehlen, etwa um Angst zu reduzieren oder Schlafprobleme zu beheben, um den Patienten vor der psychologischen Behandlung zu stabilisieren. Das Fundament der Behandlung sind jedoch Gesprächstherapien und medikamentöse Optionen werden von klinischen Psychologen seltener eingesetzt als von Psychiatern. Psychiater behandeln psychische Erkrankungen mehr auf körperlicher Ebene.

Klinische Psychologen müssen in ihrer Abschlussarbeit neue Einsichten zu einem selbst gewählten Thema vorbringen.

Teamarbeit

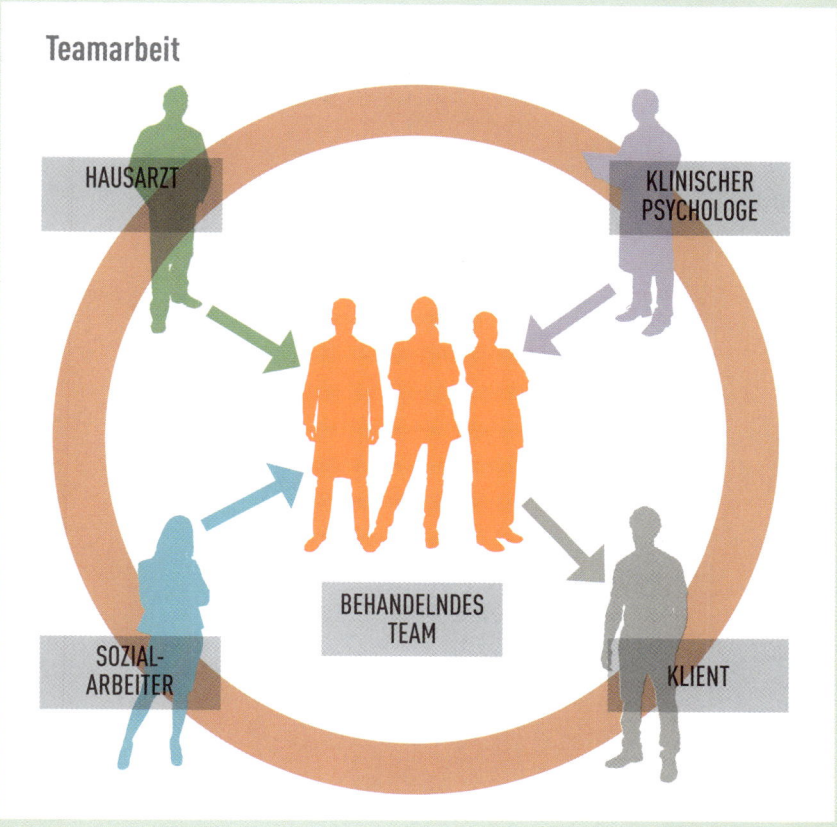

HAUSARZT

KLINISCHER PSYCHOLOGE

SOZIAL-ARBEITER

BEHANDELNDES TEAM

KLIENT

Klinische Psychologen arbeiten oft in multidisziplinären Teams, zu denen Allgemeinmediziner, Lehrer und Sozialarbeiter gehören können. Die Klienten können diese Personen einzeln aufsuchen.

10.3 Intervention bei Kindern

Manchmal benötigen Kinder besondere Hilfe in einem oder mehreren Bereichen ihrer Entwicklung.

Die pädagogische Beurteilung der intellektuellen Behinderung eines Kindes basiert auf einer Kombination aus IQ-Punkten (siehe Thema 8.4) und spezifischen Fertigkeiten. Drei Arten der Intelligenz können betroffen sein:

- Konzeptuelle: Sprache, Lesen, Schreiben, Rechnen, Logik.

- Soziale: Empathie, soziales Urteilsvermögen, interpersonelle Kommunikation und der Umgang mit Freundschaften.

- Praktische: Bewältigen des Alltags.

Die Behinderung kann sich als spezifische Lernstörung äußern, bei der nur eine Funktion betroffen ist (Legasthenie). Sie kann auch aus internalisierenden Störungen resultieren (Ängste/Depressionen). Oder aus externalisierenden Störungen, etwa einer Aufmerksamkeitsdefizit-Störung.

Die Behinderung kann auch Sprache und Kommunikation betreffen, etwa bei Kindern mit Autismus und dem Asperger-Syndrom. Auch bei sensorischen und körperlichen Funktionen (Hören/Motorik) können Störungen auftreten.

Erst in der fünften Ausgabe des Diagnostischen und Statistischen Manuals Psychischer Störungen wurde der Begriff „mentale Retardierung" durch „intellektuelle Behinderung" ersetzt.

Die Intervention hängt von der Diagnose ab und ist auf jedes Kind zugeschnitten. Meist gehört dazu ein Maßnahmenplan mit spezifischen Zielen und Methoden (siehe gegenüber). Auch die Intensität der Intervention fällt unterschiedlich aus. Bei jeder Methode stehen jedoch die Interessen und die Sicherheit des Kindes und seines Umfelds an erster Stelle.

Beispiel eines Maßnahmenplans

ZIEL-VERHALTEN	ERFOLGS-KRITERIEN	STRATEGIEN UND HILFE	FORTSCHRITT MIT DEM KIND
Mit anderen teilen.	Teilt Lieblingsspielsachen während des freien Spiels.	Vorbildwirkung von Lehrern, Geschwistern und Freunden; Plan für positive Verstärkung (Stickerheft).	Großer Fortschritt: teilte das Lieblingsspielzeug für kurze Phasen; hat neun Belohnungssticker erhalten.
Soll im Umgang mit anderen körperliche Grenzen erkennen.	Lehrer müssen nicht mehr aufgrund von körperlichen Auseinandersetzungen mit anderen Kindern eingreifen.	Einsatz einer interaktiven Buchreihe, um soziales Verhalten zu lernen. Rollenspiele schwieriger/verwirrender Interaktionen.	Vorbildwirkung OK, aber unerwünschte Umarmungen führten zu Rangeleien mit anderen; hängt ev. mit der Erkennung unklarer Situationen zusammen.

Dieser Maßnahmenplan ist für ein Kind mit Schwierigkeiten im sozialen Umgang. Die Pläne sind zeitlich gebunden und schließen Beaufsichtigung ein. Der Plan nennt die zu verbessernden Verhaltensweisen, spezifische Strategien und hat einen Bereich zum Notieren von Fortschritten.

10.4 Personalauswahl

Sind Sie für Ihren Job gut geeignet? Machen Sie doch einmal einen Persönlichkeitstest, um es herauszufinden.

Das Thema Personalauswahl kam erstmals im Ersten Weltkrieg auf, als zunehmend vielseitigere Funktionen unterschiedliche Fähigkeiten erforderten.

Heute helfen bei der Personalauswahl veschiedene Methoden, um die geeignete Person für eine Aufgabe zu ermitteln. Dazu zählen Fragebögen, Gespräche oder arbeitsbasierte Beurteilungen. In gewissem Maß kann die richtige Kombination aus Eignungstests und strukturierten Gesprächen oder Rollenspielen die zukünftige Leistung eines Angestellten prognostizieren.

Ein beliebtes Instrument für die Beurteilung zukünftiger Mitarbeiter ist der Myers-Briggs-Typenindikator (siehe gegenüber). Die 16 möglichen Kombinationen sind „Typen", die eine Einschätzung bieten, wie Menschen in den meisten Situationen bevorzugt reagieren.

Manche Wissenschaftler empfehlen Arbeitgebern, darauf zu achten, dass die Persönlichkeit des Bewerbers zum Unternehmen passt. Dafür werden meist die „Big Five"-Kriterien angewandt: Offenheit für Erfahrungen, Gewissenhaftigkeit, Verträglichkeit, Extraversion und Neurotizismus.

Diese Methoden sind jedoch nicht alles. Manche sagen, dass der Bewerber das Unternehmen zuerst kennenlernen sollte, bevor entschieden wird, ob sich die Person für die Stelle überhaupt eignet.

Der MBTI sagt voraus, wie sich Menschen bei hohen Anforderungen verhalten.

Myers-Briggs vereinfacht

ISTJ	**ISFJ**	**INFJ**	**INTJ**
ISTP	**ISFP**	**INFP**	**INTP**
ESTP	**ESFP**	**ENFP**	**ENTP**
ESTJ	**ESFJ**	**ENFJ**	**ENTJ**

E Extraversion   T Denken (thinking)

I Introversion   F Fühlen (feeling)

S Sensorik (sensing)   J Beurteilung (judging)

N Intuition   P Wahrnehmung (perceiving)

Der MBTI stellt Fragen, deren Antworten etwas über die Neigung der Person für die obigen acht Präferenzen aussagen. Die Persönlichkeit wird dann weiter analysiert und in den vier treffendsten Präferenzen zusammengefasst. Aus den verschiedenen Kombinationen ergeben sich 16 Typen.

10.5 Menschenführung

Was sind die Qualitäten eines guten Anführers? Vieles hängt von der Situation und dem Kontext ab.

Frühe Berichte nahmen an, dass manche Menschen über bestimmte Wesenszüge verfügten, die sie zu guten Anführern machten. Man versuchte, diese Wesenszüge, z. B. Charisma, Extraversion und andere Merkmale, **empirisch** zu bestimmen.

Andere Theorien konzentrierten sich auf die typischen Verhaltensweisen eines Anführers, z. B. Entschlusskraft. Kein Ansatz konnte jedoch die Unterschiede zwischen guten und schlechten Führern hinreichend verstehen.

Alternative Theorien zur Menschenführung konzentrieren sich auf Situationsfaktoren. Sie glauben, dass manchmal ein aufgabenorientierter Führungsstil effektiv ist, manchmal aber ein beziehungsorientierter (siehe gegenüber). Zu ersterem gehört die Beaufsichtigung der Arbeit anderer; zu letzterem die Betreuung des interpersonellen Austauschs anderer.

Auf ähnliche Weise sehen Transaktions-/Transformationsansätze die Führungskraft als effektiv, solange sie ihren Untergebenen das bieten kann, was diese brauchen oder wollen.

Neue Führungskräfte besitzen Idiosynkrasiekredit und können – zumindest eine Zeitlang – von den üblichen Regeln abweichen.

In jüngerer Zeit vermuten soziale Identitätsansätze (siehe Thema 4.10), dass das Konzept des guten Anführers vom Kontext abhängig ist (z. B. Kriegs- oder Friedenszeiten, Wohlstand oder Wirtschaftskrise). Personen, die zu dieser Zeit die Gruppe repräsentieren und ihre Ziele erreichen, werden eher akzeptiert.

Führungssituationen

Führer-Mitarbeiter-Beziehung	gut	gut	gut
Aufgabenstruktur	groß	groß	gering
Positionsmacht	stark	schwach	stark
Günstigkeit der Situation	sehr günstig		
Führungsstil	aufgabenorientiert		

Führer-Mitarbeiter-Beziehung	gut	schlecht	schlecht
Aufgabenstruktur	gering	groß	groß
Positionsmacht	schwach	stark	schwach
Günstigkeit der Situation	relativ günstig		
Führungsstil	beziehungsorientiert		

Führer-Mitarbeiter-Beziehung	schlecht	schlecht
Aufgabenstruktur	gering	gering
Positionsmacht	stark	schwach
Günstigkeit der Situation	ungünstig	
Führungsstil	aufgabenorientiert	

Fiedlers Kontingenztheorie besagt, dass unterschiedliche Aufgaben/Menschen ein unterschiedliches Ausmaß an Situationskontrolle benötigen, das am besten durch einen aufgabenorientierten Stil (niedrige und hohe Situationskontrolle) oder einen beziehungsorienorientierten Stil (mittlere Kontrolle) umgesetzt wird.

10.6 Geschworene

Sind Geschworene voreingenommen? Nicht bewusst, aber unter gewissen Umständen vielleicht schon.

Geschworene treffen Entscheidungen, die Leben verändern können. Sie haben die gleichen Vorurteile und Vorteile wie andere Gruppen. Psychologen haben Gerichtsverfahren nachgestellt und dabei einige spezifische Vorurteile festgestellt:

- Geschworene sind nachsichtiger, wenn sie mit der Person etwas gemeinsam haben, etwa die ethnische Zugehörigkeit oder die Religion.

- Sie halten attraktive Personen seltener für schuldig als unattraktive.

- Sie halten Erwachsene mit kindlichen Gesichtszügen seltener für schuldig bei Gewalttaten, aber häufiger bei Fahrlässigkeit (Berry, Zebrowitz-McArthur, 1988).

- Vorsitzende (oft selbstgewählte, weiße, gebildete Männer) haben einen übermäßigen Einfluss. Sie nehmen bis zu 35 % der Redezeit in Anspruch und haben eine unverhältnismäßig große Auswirkung auf das Urteil.

Attraktive Menschen werden nicht nur seltener schuldig gesprochen, sondern sind auch die erfolgreicheren Prozessführer.

Die Arbeit an verfahrensrechtlichen Aspekten lieferte einige Erkenntnisse, die bei der Reduktion von Vorurteilen helfen könnten. Eine offene Abstimmung während der Beratung könnte falsche lokale Mehrheiten hervorbringen, was zu Konformität führt (siehe gegenüber und Thema 4.7). Ebenso ist eine Jury aus sechs Geschworenen weniger repräsentativ als eine aus zwölf Personen. Sie hat eine kürzere Beratungszeit und eine etwas höhere Verurteilungsrate.

Offene und geheime Abstimmung

Tisch 1

✗ = schuldig

Tisch 2

Stimmt eine Jury offen oder hintereinander ab (Tisch 1), kann der Zufall eine Minderheit an Stimmen für eine Seite zu einem Block kombinieren. Sie bilden eine scheinbare (falsche) Mehrheit. Konformität kann das Urteil verzerren. Die Lösung? Eine geheime und/oder gleichzeitige Abstimmung (Tisch 2).

10.7 Erinnerung von Augenzeugen

Wie genau könnten Sie die Ereignisse eines Unfalls oder anderen Vorfalls, den Sie beobachtet haben, rekonstruieren?

Die Erinnerungen von Augenzeugen liefern die Hinweise für Ermittler und Gerichte, aber sind sie verlässlich? Die bahnbrechende Forschung von Yuille und Cutshall (1986) vermutet, dass etwa 80 % der gegebenen Informationen wahr sind. Wichtige Angaben wie Haarfarbe, Größe, Gewicht, Alter und Kleidung sind jedoch häufig falsch.

Die Methode der Informationsbeschaffung ist entscheidend. Loftus und Palmer (1974) befragten Personen über einen Autounfall. Sie fragten, ob ein Auto in einem Video ein anderes Auto „touchierte" oder in es „hineinkrachte". Je nach verwendetem Verb wurde die Geschwindigkeit des Autos von 51,2 km/h bis 65,2 km/h geschätzt. Fragte man die Teilnehmer, ob im Film Glassplitter zu sehen waren (man sah keine), bejahten sie dies öfter, wenn das Auto „hineinkrachte".

Psychologen entwickelten mehrere Methoden für bessere Zeugenaussagen. Das kognitive Interview (Geiselman, 1984) ermutigt die Befragten: den Kontext klar darzustellen; alles zu berichten (auch scheinbar Unwichtiges); sich frei zu erinnern; und den Bericht aus anderer Perspektive zu wiederholen. Verbesserte Methoden bauen Rapport zwischen Befrager und Befragten auf, um Nervosität zu verringern.

Kognitive Interviews liefern mehr Informationen und weniger Ungenauigkeiten als freies Erinnern.

Diese Maßnahmen maximieren die Aktivierung möglichst vieler relevanter Erinnerungsspuren und beurteilen sie durch Wiederholung, was ihre Genauigkeit verbessert.

Erinnerungsverfälschung

tatsächliches Ereignis – leichter Kontakt

verfälschte Erinnerung – Frontalzusammenstoß

Forschung zur Erinnerungsverfälschung ergab, dass schon kleine Änderungen in der Wortwahl und Fragestellung die Erinnerung verzerren kann und sich der Zeuge an Details zu erinnern meint, die nie geschehen sind.

10.8 Kontakttheorie

Wenn zwei verfeindete Gruppen lernen, miteinander auszukommen, kann das häufige Vorurteile reduzieren oder sogar eliminieren.

Während der Kontakt zwischen verfeindeten Gruppen zur Eskalation von Spannungen führen kann, ist er auch ein mächtiges Instrument, um die Vorurteile zwischen den Gruppen zu reduzieren. Die Kontakttheorie von Gordon Allport (1954) besagt, dass Kontakt die Ängste in Kontaktsituationen der Gruppen verringern kann. Sie betont auch Gemeinsamkeiten und reduziert Stereotypisierung (siehe Thema 4.3). Allport zufolge müssen in vier Bedingungen gegeben sein:

- Gleicher Status: Gruppen haben oft einen unterschiedlichen sozialen Status. Solange in einem spezifischen Kontext der gleiche Status erhalten bleibt, ist die Bedingung gegeben.

- Gemeinsame Ziele: Aktivitäten, die gemeinsame Ziele erzeugen, sind positiv. Das kann z. B. eine Sportveranstaltung sein, bei der Angehörige beider Gruppen ein Team bilden.

- Intergruppenkooperation: Eine Gelegenheit für Kontakt, bei dem beide Gruppen wertgeschätzt werden.

- Unterstützung durch Autoritäten: Sie ist unerlässlich, um soziale Normen zu verändern und andere Bedingungen zu ermöglichen.

Andere Forscher betonen, dass optimaler Kontakt nicht sofort geschieht, sondern durch häufigen und andauernden Kontakt. Sind diese Bedingungen gegeben, kommt es ziemlich sicher zu einer Reduktion von Vorurteilen.

Schon die Vorstellung von Kontakt mit einer anderen Gruppe kann Vorurteile etwas reduzieren.

Realistische Konflikttheorie

Ein diagrammatischer Blick auf Muzafer Sherifs Räuberhöhlen-Experiment (1961) mit zwei Kindergruppen im Ferienlager. Jede hat eine starke Gruppenidentität und anfangs herrscht Rivalität um Ressourcen, die zu Vorurteilen führt. In zahlreichen kooperativen Aufgaben wandelt sich Konflikt zu Harmonie.

10.9 Minoritäteneinfluss

Unter bestimmten Umständen kann eine Minderheit die Mehrheit beeinflussen.

Wir wissen, dass sich Einzelpersonen oft der Mehrheit anpassen (siehe Thema 4.7). Aber wir wissen auch, dass die Überzeugungen und Verhaltensweisen von Gruppen nicht statisch sind. Wie können also Minderheiten diese Tatsache nutzen, um Meinungen zu verändern?

Der Sozialwissenschaftler Serge Moscovici sagte, dass Minderheiten keine passiven Rezipienten von Einflüssen seien, sondern auch etwas verändern konnten (1969). Er identifizierte mehrere Attribute für die Effektivität von Minoritäten.

In einer Aufgabe mussten Gruppenmitglieder die Grüntöne von Dias nennen. Die Genauigkeit lag bei fast 100 %. Das änderte sich, als zwei Eingeweihte eingeschleust wurden und manche Töne „blau" nannten. Waren die Eingeweihten inkonsistent, blieb die Genauigkeit hoch. Sagten sie jedoch immer „blau", sank die Genauigkeit der Gruppe um fast 10 %. Moscovici schloss daraus, dass Konsistenz ein notwendiges Verhalten für Minderheiten sei. Außerdem sollten Minderheiten fair, autonom, investiert und flexibel sein.

Moscovicis Ideen helfen uns, die historischen Erfolge und Misserfolge des Einflusses von Minderheiten zu verstehen.

Interessanterweise wird der Minoritäteneinfluss nicht immer ausdrücklich erkannt: Soziale Kryptomnesie ist ein Phänomen, bei der sich eine Einstellung ändert, aber die Ursache dafür vergessen wird und man glaubt, man hätte die Einstellung von sich aus angenommen.

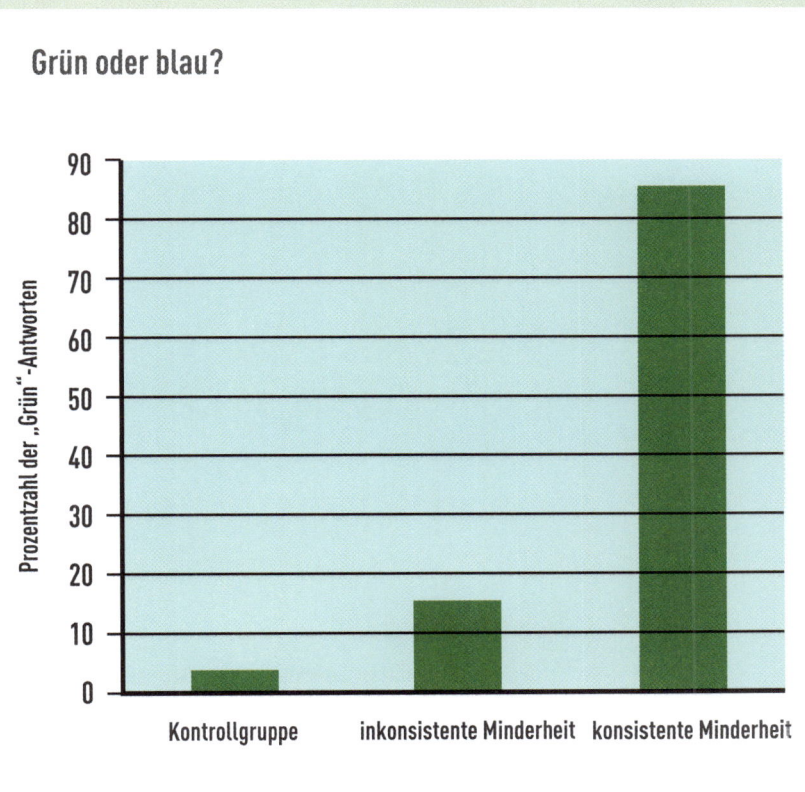

Grün oder blau?

Prozentzahl der „Grün"-Antworten

Kontrollgruppe   inkonsistente Minderheit   konsistente Minderheit

Serge Moscovicis Grün-Blau-Experiment ist ein interessanter Vergleich zu Aschs Linienexperiment (siehe Seite 99). Auch hier passen sich Menschen an die Urteile jener an, die eindeutig falsch liegen.

10.10 Sportpsychologie

Der mentale Zustand von Sportlern ist genauso wichtig wie ihr körperlicher Zustand, vielleicht sogar noch wichtiger.

Die Sportpsychologie berücksichtigt kognitive Psychologie, Sozialpsychologie und individuelle Unterschiede (siehe Thema 8.1) und oft auch Biomechanik und Kinesiologie (die Lehre von der Bewegung des Menschen).

Zu den Methoden gehört das Training unter wettkampfähnlichen Bedingungen. Das verankert Verhaltensweisen und verringert den Einfluss von Faktoren wie Nervosität und starke Erregtheit. Man kann dabei die Umgebung sensorisch erleben – etwa beim Training mit Zuschauerlärm – oder durch Visualisierung.

Sportpsychologen betreuen auch manchmal Trainer, um ein Training zu schaffen, das interne Motivation und Einsatz fördert. Sie entwickeln auch Übungen für mentale Stärke oder nutzen Techniken aus der KVT, um verlorenes Selbstvertrauen wieder aufzubauen.

Andere Bereiche der Sportpsychologie befassen sich mit der Verbesserung des öffentlichen Engagements und des Verständnisses von Teamdynamik und helfen verletzten Sportlern bei der Rehabilitation.

Zweifellos profitieren Athleten mit guten motorischen Fähigkeiten von einer verbesserten Motivation und verringerten Nervosität. Auch versuchen sie, Abläufe zu maximieren und Verhaltensabweichungen zu minimieren. Die Sportpsychologie kann das ausschlaggebende Moment zum Sieg liefern.

Die Sportpsychologie hat ihre Wurzeln in den psychologischen Trainingsmethoden der griechischen Antike.

Einen Plan erstellen

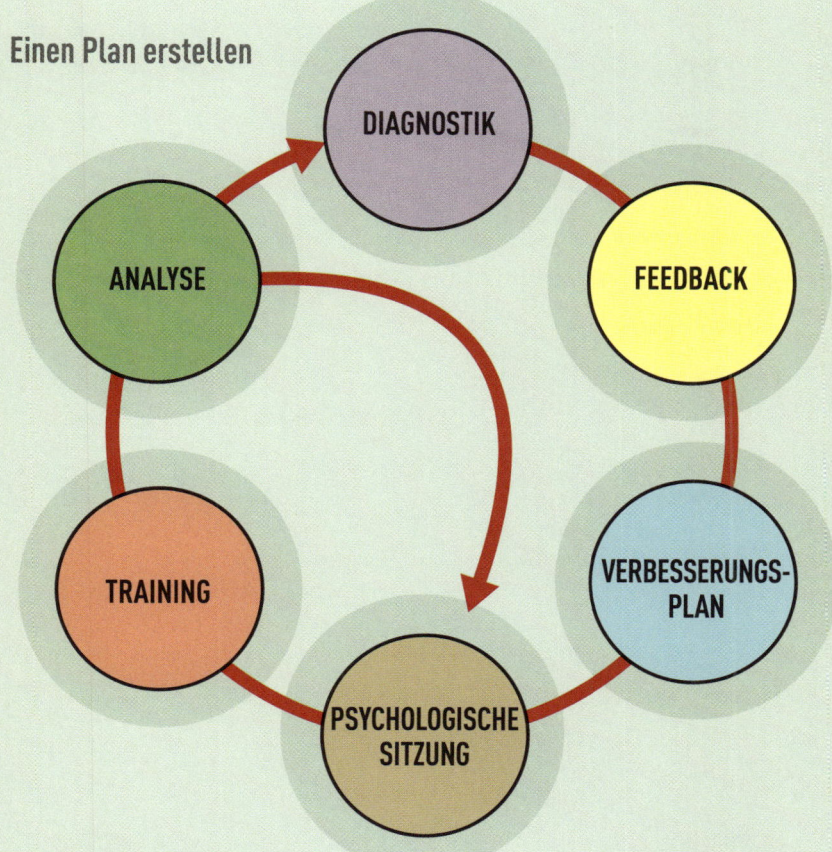

Wenn man die Chance hat, Monate oder Jahre des Trainings zu nutzen, um dadurch zur Höchstleistung zu gelangen, kann die psychologische Vorbereitung darauf den Unterschied zwischen Sieg und Misserfolg ausmachen.

Glossar

Behaviourismus

Dieser Ansatz der Psychologie geht davon aus, dass Verhaltensweisen durch eine Kombination aus Belohnungen (positive Verstärkung) und Strafen (negative Verstärkung) als Reaktion auf einen Reiz oder ein Verhalten erlernt werden. Die Rolle der Informationsverarbeitung (siehe Kognition, unten) auf das Verhalten wird hierbei nicht besonders berücksichtigt.

Bewegungskontrolle

Die Mittel, mit denen das Zentralnervensystem (ZNS) die Bewegung von Muskeln und des ganzen Körpers durch bewusste und unbewusste Mechanismen steuert und koordiniert.

Biopsychologie

Dieser Ansatz der Psychologie ist in der Biologie des Körpers verankert und befasst sich mit verschiedenen Themen, etwa mit der Physiologie des Nervensystems, der Funktionsweise der Hormone und mit vererbten Merkmalen.

Empirie

Dabei wird Wissen durch Erfahrungen, Beobachtungen und Experimente gewonnen, was als Basis für das Verständnis dient. Theorien sollen empirische Belege erklären und gelten als widerlegt, wenn ihre Hypothesen mit widersprüchlichen Belegen konfrontiert werden.

Gestalt

Die Gestaltpsychologie versucht, die Organisation der Wahrnehmung zu verstehen, indem sie sie als Ganzes betrachtet, das sich von seinen einzelnen Bestandteilen unterscheidet.

Heuristik

Eine kognitive Abkürzung, die einen Denkprozess erleichtert, aber weniger genau sein kann. Z. B wenn man die Aussagen eines glaubwürdigen Prominenten für wahr hält. Menschen unter hohem Druck oder ohne Motivation für Genauigkeit verlassen sich oft auf Heuristiken.

Kognition

Das Verarbeiten von Informationen. Oft bezeichnet man damit auch die mentalen Fähigkeiten für „höhere" Denkprozesse, wie etwa logisches Schlussfolgern,

Gedächtnisfunktionen, Problemlösen, Entscheidungsfindung und Sprache.

Kognitive Verhaltenstherapie (KVT)

Eine wirksame Psychotherapie auf Gesprächsbasis, die dabei hilft, fehlerhafte Überzeugungen zu identifizieren und Aspekte der Denkprozesse zu modifizieren, um eine Verhaltensänderung zu erzielen. KVT kann bei Angststörungen und ernsteren Erkrankungen helfen.

Komorbidität

Bedeutet, dass eine psychische oder körperliche Erkrankung oft zusammen mit einer anderen Erkrankung auftritt. Die komorbide Erkrankung kann auch allein auftreten und die Komorbidität zwischen X und Y ist anders als jene zwischen Y und X. Zum Beispiel kann die Krankheit X fast immer von Y begleitet werden, aber Y kommt auch oft ohne X vor.

Modularität

Die Idee, dass der Geist aus Modulen besteht, die sich teils unabhängig entwickelten, um bestimmte Funktionen zu erfüllen. Sie können physisch sein (bestimmte Gehirnregionen, die mit Sprache assoziiert sind) oder funktionell (Kurzzeitgedächtnis).

Neuron

Nervenzelle. Diese Art kommt im Gehirn und im weiteren Nervensystem vor und kann über Verbindungen (Synapsen) zu anderen Zellen elektrische und chemische Signale empfangen, verarbeiten und übertragen. Das menschliche Gehirn enthält geschätzte 86 Milliarden Nervenzellen.

Neurotransmitter

Chemische Botenstoffe im Körper, die Signale zwischen den Nervenzellen übertragen. Sie haben auch Einfluss auf Muskel- und Drüsenzellen und auf die Funktionen des gesamten Organismus.

nomothetisch

Ein psychologischer Ansatz, bei dem das Individuum vorwiegend durch den Bezug zum Verhalten größerer Gruppen und zu allgemeineren Normen verstanden wird. Um z. B. den Grad der Extraversion einer Person zu verstehen, würde man sie mit dem Bevölkerungsschnitt vergleichen.

Syndrom

Eine Gruppe von Symptomen, die zusammen auftreten und auf eine Krankheit oder Störung hinweisen können.

Register

Danksagung

Die Autoren bedanken sich bei Elizabeth J. Newton für Kapitel 3: Lebensspannenpsychologie. Die Autoren möchten auch die folgenden Widmungen aussprechen:

Christopher Sterling: Für meinen Sohn Alexander, für Kraft in schweren Zeiten.

Daniel Frings: Für Louise, Katherine und Annabelle, die so viel Freude in mein Leben bringen.

Bildnachweis

Quantum Books Limited dankt folgenden Quellen für die Bereitstellung der Bilder für dieses Buch:

7 Shutterstock/CLIPAREA l Custom media; 15 Shutterstock/MadamSaffa; 25 Wikimedia Commons; 27 Shutterstock/Alila Medical Media; 33 Shutterstock/nobeastsofierce; 39 SHEILA TERRY/SCIENCE PHOTO LIBRARY; 43 Shutterstock/stockshoppe; 45 Shutterstock/Iconic Bestiary; 49 (TK); 51 Shutterstock/EcoPrint; 55 *Nature Reviews Genetics* 15, 347–359 (2014)/Jeffrey Rogers and Richard A. Gibbs; 57: (links) Wikimedia Commons, (oben rechts) Shutterstock/Kirsten Wahlquist, (unten rechts) Shutterstock/Kirsten Wahlquist; 67 Shutterstock/con3d; 73 Shutterstock/RioPatuca; 93 Shutterstock/LuckyN; 123 Shutterstock/racorn; 147: SUSAN KUKLIN/SCIENCE PHOTO LIBRARY; 169, 173 Shutterstock/www.BillionPhotos.com; 193 Shutterstock/Marza; 195 Shutterstock/LanaN; 199 Sam Kellerman; 215 Shutterstock/ellepigraficaok; 221 Dr. Elizabeth Sowell/Sowell ER, Thompson PM, Welcome SE, Henkenius AL, Toga AW & Peterson BS. Cortical abnormalities in children and adolescents with attention deficit hyperactivity disorder. *The Lancet*, 2003; 362(9397):1699-1707; 223 Shutterstock/Designua; 225 Shutterstock/Cranach.

Quantum Books Limited hat sich große Mühe gegeben, alle Urheber zu nennen. Der Herausgeber entschuldigt sich für eventuelle Auslassungen oder Fehler und wird in den zukünftigen Ausgaben des Buchs gegebenenfalls die nötigen Korrekturen vornehmen.